밤과 나침반

목표는 크게, 실행은 작게
밤과 나침반

초판 1쇄 발행 2025년 11월 3일
초판 7쇄 발행 2025년 12월 23일
지은이 하와이 대저택

발행인 이강욱
발행처 논픽션

등록 제2025-239호

주소 서울 강남구 학익로30길 14, 이세빌딩 5층
전화 02-541-0983
전자우편 hwdjt.manager@gmail.com

표지디자인 [★]규 · **본문디자인** *shoot*
인쇄·제작 영신사

ⓒ 하와이 대저택, 2025
값 19,800원
ISBN 979-11-994895-0-9 (03190)

※ 이 책은 저작권법에 따라 보호받는 저작물이므로 무단전재 및 복제를 금합니다.

하와이 대저택 지음

밤과 나침반
목표는 크게, 실행은 작게

논픽션

일러두기

이 책에 인용한 '나침반 도서'는 저자가 직접 읽은 판본을 기준으로 하였으며, 현재 판매되고 있는 판본의 쪽수와 상이할 수 있습니다.

두 번째, 세 번째 삶을 살고자 하는 독자에게

이 책을 바칩니다.

프롤로그

오늘, 당신은 무엇을 읽고 있습니까?

세상은 끊임없이 묻습니다.

"지금, 무엇을 이루었습니까?"

그러나 그 질문은 본질을 빗겨 갑니다. 저는 차라리 이렇게 묻고 싶습니다.

"오늘, 무엇을 읽고 있습니까?"

우리는 더 나은 삶을 원한다고 말합니다. 인생을 바꾸고, 더 나은 사람이 되고 싶다고도 하죠. 하지만 삶은 결심으로 바뀌지 않습니다. 변화가 어디에서 시작되는지, 또 어떻게 변화를 이끌어야 하는지 모른다면, 인생이 바뀌는 일은 일어나지 않을 것입니다. 변화는 거창한 결심이 아니라, 늘 사소한 데서 시작됩니다. 때로는 한 줄의 문장, 하나의 단어, 그것이 내 사고를 흔들고 내 존재를 전복하기도 합니다.

책은 단순한 종이 뭉치가 아닙니다. 삶의 언어를 새롭게 바꾸고, 생각의 지도를 다시 그리며, 태도와 시선을 뒤집는 강력한 도구입니다. 저는 그 힘을 직접 겪었습니다. 책은 제 기질을 바꾸었고, 무너진 현실을 정비했으며, 마침내 더 넓은 세계로 이끌었습니다. 이제 그 변화의 에너지를 이 책을 통해 여러분과 나누고자 합니다.

  살다 보면 멈춰 설 때가 있습니다. 앞으로 나아갈 힘도, 뒤로 물러설 여유도 없는 순간 말입니다. 그럴 때 우리에게 필요한 것은 흔한 조언이나 가벼운 위로가 아닙니다. 삶의 방향 전체를 다시 묻게 만드는, 근원적인 질문입니다.
  저는 그 질문을 책에서 만났습니다. 책이 던진 물음은 제 생각을 바꾸었고, 낡은 신념을 해체했으며, 결국 성공 마인드를 갖춰 행동의 궤도를 바꾸도록 이끌었습니다. 정말로 삶이 변하길 원하시나요? 그렇다면 여러분에게도 삶을 통째로 흔들어 깨울 질문이 필요합니다.

"내가 원하는 인생을 어떻게 만들 것인가?"

이 책은 바로 그 질문에 대한 기록입니다. 삶의 변화를 끌어내는 질문에 대한 이야기 말입니다. 저는 여러분이 단지 "책 한 권 읽었다"라고 말하지 않기를 바랍니다. 책을 통해 스스로 고민하던 문제를 다시 바라보고, 더 근본적인 물음과 마주하게 되기를 바랍니다. 그리고 마침내 자신의 삶을 새로 써 내려가길 바랍니다.

이 책을 읽기 전과 후, 여러분은 같은 이름을 쓰고, 같은 모습을 하고, 같은 일을 이어가겠지만, 더 이상 예전의 '당신'이 아닐 것입니다. 멈춰 있던 열망이 다시 깨어나고, 고여 있던 에너지가 다시 흐르기 시작할 테니까요.

삶의 궤도를 흔들 준비가 되었습니까? 그렇다면 이제, 책장을 넘길 시간입니다. 인생이라는 긴 밤길에서, 저의 이 '사소한' 기록이 여러분에게 방향을 비추고 발걸음을 지켜줄 나침반이 되기를 바랍니다.

2025년 10월

하와이 대저택

차례

프롤로그_ 오늘, 당신은 무엇을 읽고 있습니까? 6

나침반 1 별이 없는 밤, 부의 방향을 찾다:
이웃집 백만장자는 당신일 수도 있다

✈ [하와이 대저택의 편지] 16

옆집에 백만장자가 살고 있다	18
억대 연봉자도 부자가 아니다	24
소비자와 생산자, 누구로 살아갈 것인가?	30
부의 세계로 들어가는 티켓	35
승자가 될 수 없는 게임에서 빨리 벗어나라	40

[성찰의 대화] 50
[필사 문장 & 실천 질문] 53

나침반 2 내 안의 씨앗을 성장의 방향으로 틔우다:
나 자신을 최고의 우량주로 만들어라

✈ [하와이 대저택의 편지] 56

좋은 열매는 도대체 어떻게 열리는가?	58
누가 내 머리에 권총을 들이댔나?	65
내가 설계한 부자의 미래를 현실로 만드는 법	72
부자는 쓰레기를 끌고 다니지 않는다	80
부자처럼 생각하고, 부자처럼 행동하라	91
가장 중요한 일에 가장 많은 에너지를 써라	100

[성찰의 대화] 107
[필사 문장 & 실천 질문] 109

나침반 3 한 걸음씩 목표의 길을 내다:
목표는 위대하게, 행동은 아주 작게

✈ [하와이 대저택의 편지] 112

한 번에 한 발, 다른 방법은 없다	114
우리를 넘어뜨리는 건 거대한 산이 아니라 작은 돌부리다	124
당신의 믿음은 무엇을 끌어당기고 있는가?	133
레몬이 생기면 레모네이드를 만들어라	144
인생의 비상대책위원회를 가동할 때	149
오직 행동만이 불안을 이긴다	155

[성찰의 대화] 161
[필사 문장 & 실천 질문] 163

나침반 4 생각의 회로를 리셋하다:
성공한 사람의 뇌는 다르게 작동한다

✈ [하와이 대저택의 편지] 166

인생을 바꾸고 싶다면 현재 상태 값을 바꿔라	168
원하는 삶을 만드는 뇌 작동법	177
울 시간이 있으면 비상 발전기를 사러 가라	185
목표를 시각화하라	191
뇌의 설계도를 다시 만들자	198

[성찰의 대화] 207
[필사 문장 & 실천 질문] 209

나침반 5 삶의 주도권을 내 손에 쥐다:
내 삶을 바꿀 수 있는 사람은 나밖에 없다

✈ [하와이 대저택의 편지] 212

더 욕망하라, 새로운 나를!	214
나의 의지로 내 삶을 살아가라	223
독방에서 나 혼자 레벨 업을 했더니 생긴 일	228
나보다 더 뛰어난 개성은 없다	234
최상의 기쁨은 산을 기어 올라가는 순간에 있다	244
생각 없이 살면 남이 짜준 인생을 살게 된다	252

[성찰의 대화] 261
[필사 문장 & 실천 질문] 263

나침반 6 **나만의 북극성을 향해 계속 나아가다:**
시작하라, 그리고 계속하라

➤ [하와이 대저택의 편지] 266

자기 계발이라는 말에 갇히지 않으려면   268

나에게 질문을 던질 때 삶은 성장한다   275

내가 눈을 뜬 이유는 인간의 일을 하기 위해서다   282

그 일이 있어서 오늘의 내가 있다   289

나만의 북극성을 향해 가라   296

[성찰의 대화] 301
[필사 문장 & 실천 질문] 304

에필로그_ 여러분의 다음 책은 여러분의 삶입니다 305

여러분은 지금 어디에 서 있나요? 우매함의 봉우리에 서 있나요? 절망의 계곡을 헤매고 있나요? 가파른 비탈길을 힘겹게 오르고 있나요? 아니면 이미 자신만의 지속 가능한 고원에서 더 먼 곳을 바라보고 있나요? 어느 곳에 있든, 여러분도 언젠가는 꼭 누군가의 '이웃집 백만장자'가 되면 좋겠습니다.

나침반 도서: 《이웃집 백만장자: 변하지 않는 부의 법칙》(토머스 J. 스탠리, 세라 스탠리 펠로, 김미정 옮김, 비즈니스북스, 2019)

나침반 1

별이 없는 밤, 부의 방향을 찾다:
이웃집 백만장자는 당신일 수도 있다

하와이 대저택의 편지

백만장자를 실제로 만나본 적 있으신가요? 워런 버핏(Warren Buffett)처럼 이름이 알려진 부자가 아니라, 우리 주변에 살고, 하루에도 몇 번씩 스쳐 지나가는 그런 사람들 말입니다. 이 책은 바로 그런 사람들에 대한 이야기입니다. 어쩌면 여러분 옆집에 살고 있을지도 모릅니다.

이 책의 저자는 토머스 J. 스탠리(Thomas J. Stanley) 박사와 그의 딸 세라 스탠리 펠로(Sarah Stanley Fallaw) 박사입니다. 부녀가 함께 40년 동안 진행한 연구는 단 하나의 질문에서 출발했습니다.

"도대체 부자는 어떻게 되는가?"

부녀는 이 주제를 가지고 수천 명의 부자를 만나 통계학적으로 분석했어요. 엄청난 데이터가 축적된 이 연구는, 안타깝게도 아버지인 토머스 박사가 불의의 사고로 세상을 떠난 뒤, 딸 세라 박사가 이어받아 완성했습니다. 이 책은 단순한 한 권의 책이 아니라, 부녀의 인생이 담긴 역작이자 헌신적인 노력의 결과입니다.

세상에는 돈과 부에 관한 담론이 넘쳐납니다. '쉽고 빠르게 돈을 모으는 법', '부자가 되는 10가지 방법' 같은 현실적인 조언도 많이 듣습니다. 그러나 스탠리 박사의 연구처럼 과학적이고 통계적인 방법으로 '부자가 되는 길'을 보여주는 책은 드뭅니다. 평범한 사람도 부자가 될 수 있다는 사실을, 수십 년간의 분석과 검증으로 증명했습니다. 그야말로 전무후무한 '부자 비책(祕策)'이라 할 만합니다. 그렇다고 지루하거나 어려운 책도 아닙니다. 오히려 재미있지요. 평범한 사람들이 어떻게 부자가 되었는지, 어떤 특성이 있고 어떤 경로를 통과했는지를 분석한 결과, 수십 년의 시간이 지나고 세대가 바뀌어도 변하지 않는 법칙이 분명히 존재한다는 사실은 우리에게 큰 힘과 위안이 됩니다.

《이웃집 백만장자: 변하지 않는 부의 법칙》은 '금수저'로 태어나거나 '운'이 엄청나게 좋아야만 부자가 되는 것이 아님을 보여줍니다. 뉴욕 양키스와 수천만 달러에 달하는 계약을 체결하지 않고도, 복권에 당첨되지 않고도, 테일러 스위프트처럼 세계적인 가수가 되지 않고도, 이미 많은 사람이 평범한 일상에서 백만장자가 되었습니다. 그들이 해냈다면, 우리도 할 수 있습니다.

이 책을 통해, 평범한 사람도 부자가 될 수 있다는 과학적 통찰과 실천의 길을 함께 나누고자 합니다.

옆집에 백만장자가 살고 있다

내 주변 사람이 '나'의 위치를 알려준다

우리는 모두 성공한 삶을 원하지만, 정작 자신이 성공할 수 있다는 사실은 쉽게 믿지 못합니다. 주변에 크게 성공한, 그래서 '백만장자'라고 불리는 사람이 없다면 그 믿음은 더욱 흔들리기 마련입니다.

혹시 '반향실 효과'라는 말을 들어보셨나요? 사람은 자신이 이미 믿고 있는 신념과 관념을 강화하는 정보만 반복적으로 받아들이는 경향이 있습니다. 이 현상은 생소하게 느껴질 수 있지만, 사실 오늘날 유튜브 알고리즘을 보면 쉽게 이해할 수 있습니다. 우리가 좋아하는 주제나 신념, 취향에 따라 동영상을 검색하면, 알고리즘은 이를 분석해 적합한 콘텐츠를 추천합니다. 우리는 추천을 보고, 다시 알고리즘은 더 많은 추천을 내놓고, 결과적으로 우리의 신념과 취향은 점점 더 강화됩니다.

물론 이런 현상이 유튜브 등장 이후에 나타난 것은 아닙니다. 더 거슬러 올라가면 신문을 구독해서 보던 시절부터 있었죠. 정치적 성향에 따라 조선일보·동아일보·중앙일보를, 혹은 한겨레·경향신문을 선택하는 방식처럼, 우리는 스스로 맞는 정보만 받아들이는 경향이 있었습니다. 물론 밸런스 있게 양쪽을 모두 구독하는 분들도 있었지만 보통 한 부를 구독한다고 하면 자신에게 더 적합한 것을 선택했습니다. 요즘은 유튜브, 포털, OTT 등 거의 모든 플랫폼에서 같은 패턴이 반복됩니다. 추리물을 좋아하면 넷플릭스가 계속 추천하듯, 우리의 취향과 신념은 정보 환경에 의해 점점 더 단단하게 굳어집니다.

경제적 현실도 마찬가지입니다. 저 역시 부자가 아닌 상태, 부자가 될 수 없는 상태에서 접할 수밖에 없는 정보와 사고방식 속에서 살아왔습니다. 비슷한 정보만을 반복하며, 나도 모르게 "이것이 현실이고, 진실이다"라고 믿게 된 것이죠.

하지만 밖으로 나와 직접 경험하니, 전혀 다른 세상이 존재했습니다. 아쉽게도 이런 세상은 직접 경험하지 않으면 결코 알 수 없습니다. 바로 이 점에서 환경의 중요성이 드러납니다. 특히 가까이하는 사람들이 결정적입니다. "가족을 제외하고 자주 만나는 다섯 명의 평균이 나 자신이다"라는 말처럼, 자신이 지금 어디에 있는지 모른다면, 가까운 주변 사람들을 들여다보면 알 수 있습니다.

내 옆집에 살고 있는 그 사람이 혹시?

오랜 시간 단단하게 굳어진 생각을 깰 수 있는 가장 강력하면서도 가장 쉬운 방법이 있을까요? 저는 단연 독서라고 생각합니다. 반향실 효과를 깨뜨리는 최적의 도구이기 때문입니다.

물론 유튜브도 도움이 됩니다. 저 역시 유튜브 채널을 운영하며, 다른 관점을 배우는 데 유용하다고 느낍니다. 하지만 알고리즘의 영향에서 완전히 자유로울 수는 없습니다. '하와이 대저택' 채널 구독자 수는 2025년 7월 기준으로 88만 명입니다. 그런데 이 분야에 관심이 없는 사람들은 저를 전혀 모릅니다. 아마 구독자가 100만 명, 200만 명으로 늘어나도 여전히 모를 가능성이 높죠.

이건 당연한 일입니다. 저도 관심 없는 분야의 채널은 전혀 모르고, 아예 보지도 않으니까요. 예를 들어, 낚시 콘텐츠는 대형 채널이 매우 많다고 하는데, 저는 태어나서 한 번도 낚시 콘텐츠를 본 적이 없습니다. 제가 직접 '낚시'를 검색하기 전까지는 제 피드에 뜰 일은 앞으로도 없을 겁니다.

이처럼 우리는 자신만의 세계 속에서 살아갑니다. 그렇기에 책을 읽고 생각하고 토론하는 행위가 편향된 사고와 반향실 효과를 깨는 강력한 방법이 됩니다. 자신이 굳게 믿고 따르던 신념 체계를 놓고 "정말 이게 맞을까?"라고 근본적으로 성찰할 시간을 가질 수 있으니까요.

백만장자에 대해서도 마찬가지입니다. 나와 같은 동네에 살고, 내 옆집에 살며, 그 집 아이와 내 아이가 같은 학교에 다니고, 차도 비슷한데, 알고 보니 엄청난 자산가라니! 이런 일이 여러분에게도 일어날 수 있습니다. 그리고 반대로 말하면, 바로 여러분이 그 이웃집 백만장자가 될 수도 있습니다.

내가 지금 서 있는 자리를 확인하라

'더닝 크루거 효과(Dunning-Kruger Effect)'라는 이론이 있습니다. 지식이나 기술이 부족한 사람이 자신의 능력을 과대평가하는 인지적 편향을 말하죠. 주변에도 이런 사람이 한 명쯤은 있을 겁니다. 요리를 배운 지 두 달 된 사람이 소스의 맛, 굽기의 정도, 익히는 시간까지 마치 자신이 미슐랭 3스타레스토랑의 오너 셰프인 것처럼 구는 모습이 대표적입니다. 운전도 1~2년 차일 때 가장 조심해야 한다고 하죠? 운전 10년 차보다 더 잘한다고 착각하며 허세를 부리다 사고를 내는 경우가 많습니다.

 어떤 일이든 초보 시절에는 반드시 '우매함의 봉우리'를 지나야 합니다. 실력은 낮은데 자신감만은 높은 상태죠. 그러다가 어느 순간 '절망의 계곡'으로 빠집니다. 실력은 조금씩 나아지고 있지만, 자신감은 바닥을 치는 단계입니다. 이 지점을 지나면 지식과 실력이 쌓이면서 가파른 '깨달음의 비탈길'을 오르기 시작합니다. 도중에 포기하지 않는다면 결국 '지속 가능한 고원'에 도달합니다. 실력은 전문가 수준에 도달하고, 진짜 자신감이 생기는 안정적인 단계입니다.

 요리든 운전이든 투자든 더닝 크루거 효과를 완전히 무시할 수는 없습니다. 하지만 정말 조심해야 합니다. 특히, '우매함의 봉우리에' 단계에서 하는 투자는 사실상 투기에 가깝습니다. 주식을 조금 해보고 수익이 나면 해답을 안 것처럼 느껴집니다. 시스템을 훤히 꿰고 있는 것 같고, 여기서 매도하고 저기서 매수하면 절대 잃지 않을 것처럼 생각하죠. 바로 이때 몇 년 동안 빠져나오지도 못하고, 들어가지도 못한 채 '물린' 상태가 이어집니다. 부동산도 마찬가지입니다. 한 번 수익을 내면 이제 알 것 같다는 생각이 들죠. 그런데 그렇지 않습니다.

 거의 모든 영역에서 이런 일이 일어나므로, 살면서 어느 순간에 한 번쯤은 반드시 지금 내가 어디에 있는지 점검해야 합니다.

여러분은 지금 어디에 서 있나요? 우매함의 봉우리에 서 있나요? 절망의 계곡을 헤매고 있나요? 가파른 비탈길을 힘겹게 오르고 있나요? 아니면 이미 자신만의 지속 가능한 고원에서 더 먼 곳을 바라보고 있나요? 어느 곳에 있든, 여러분도 언젠가는 꼭 누군가의 '이웃집 백만장자'가 되면 좋겠습니다.

억대 연봉자도 부자가 아니다

그때 팔았어야 했는데…

이 책은 백만장자가 되는 구체적인 방법을 알려주는 책이기도 하지만, 단순히 그 방법에 그치지 않습니다. 더 깊이 읽어보면 '경제적 목표'를 다루는 책이라는 것을 알 수 있습니다. 이 책의 마지막 장을 덮으며 '나에게는 경제적 목표가 있는가?'를 생각했다면 제대로 읽은 겁니다.

책에는 독자를 '확실히 깨우는', 소위 '뼈 때리는' 내용이 많습니다. 다양한 사례도 풍부하게 담겨 있죠. 읽고 나서 "나는 제대로 해왔나? 나와 다른 점은 무엇인가? 왜 다를까?"라고 점검하면 진짜 큰 도움이 됩니다. 스탠리 박사는 그의 저서에서 강조합니다.

소득은 자산이 아니다 　　　　　　　　　　　　　　　　—31쪽

　누구에게는 당연한 말이지만, 누군가에게는 충격일 수 있습니다. 저는 직장인이던 시절 세종시에 살았습니다. 코로나19 시기, 집값이 전국에서 가장 큰 폭으로 올랐습니다. 자고 일어나면 1억 원씩 뛰었죠. 당시 34평 아파트가 7억 원 선에서 거래되고 있었는데, 저는 10억 원까지 오를 것이라고 예상했습니다. 아내는 웃으며 "아무리 올라도 그 정도까지는 아니지" 했지만, 두 달 뒤 실제로 10억 원에 실거래가 됐습니다. 두 달 사이에 무려 3억 원이 오른 거죠. 부동산에서 팔겠냐고 연락이 왔습니다. 안 판다고 했죠. 그때 팔아야 했는데 말입니다.

부자가 되기는커녕 할부금만 남았다

　당시 세종시에서는 흥미로운 현상이 벌어졌습니다. 지하 주차장의 차들이 싹 바뀌었고, 한눈에 봐도 고급차가 급증한 것이 체감될 정도였습니다. 아파트 실거래가가 크게 오르자, 실제 집을 팔지 않아도 사람들은 '심리적 부자'가 된 것이죠. 그러나 불과 1~2년 후, 집값은 급락했습니다. 폭등과 폭락 모두에서 세종시가 1위를 차지했습니다.

세종시 집값 상승을 이끈 것은 세종시 사람들이 아니라 외부 투자 수요였습니다. 다주택자에 대한 강도 높은 세제 규제로 투자 수요가 서울로 분산되었기 때문입니다. 아파트 실거래가는 떨어졌지만, 차는 그대로 남아 자동차 할부금이라는 고정비 지출만 늘어났습니다. 결국 집이나 주식이나, 팔아야 내 자산이 됩니다. 실제 소득이 생긴 것도 아닌데, 앞다퉈 차부터 바꾸면서 속을 끓인 사람들이 꽤 많았을 겁니다.

그렇다고 고점이던 10억 원에 집을 팔았다면 괜찮았을까요? 내 집은 올랐지만, 다른 집도 올랐습니다. 내 집은 비싸게 팔고 다른 집은 싸게 사야 이익이 나는데, 싸게 살 집이 없었던 겁니다. 세종시를 비롯해 전국의 집값이 다 올랐기 때문에 상급지로 이동할 수도 없었죠. 결국, 실제로 집값이 올랐다 하더라도 다른 영역에서 자산을 증식하지 않으면 실질적인 부 증가는 어렵습니다. 실질적인 자산 증식의 효과는 별로 없는 시기였음에도 불구하고, 집을 가지고 있었다면 다른 영역에서 자산을 증식해서 그걸 보탠 후 상급지로 가거나, 더 좋은 자산을 사야 했습니다. 그러나 집값에 들뜬 나머지 차를 바꾸는 모습은 안타까운 사례가 되었습니다. 결국 1년 만에 실거래가는 거의 반토막이 났고, 10억 원 하던 아파트는 5~6억 원에 거래되었습니다.

많이 벌어도 늘 돈이 부족한 사람들

실제로 돈이 내 손에 들어오지 않았는데도, 사치품을 사거나 과소비를 하는 분들이 있습니다. 돈이 없는 상태에서도 쓰게 되고, 돈이 들어오면 당연히 더 소비하게 되죠. 소득이 높아져도 지출은 더 크다면, 소득이 얼마든 항상 여유가 없는 상태가 됩니다.

예를 들어, 100만 원을 벌면 90만 원만 써도 되고, 1천만 원을 벌면 900만 원만 써도 됩니다. 더 적게 쓰면 좋겠지만, 각자 생활 규모라는 것이 있기 마련입니다. 제가 아는 정형외과 공동 원장은 한 달에 3,500만 원씩 벌고, 그만큼 씁니다. 실제로는 한 달에 4천만~5천만 원 정도를 쓴다고 하더군요. 깜짝 놀랐습니다. 왜 그렇게 지출이 많냐고 물어보니 고정비가 많아서라고 합니다.

많이 벌면 많이 쓰는 것이 자연스럽다고 생각할 수 있습니다. 그러나 스탠리 박사는 그렇게 해서 절대 부자가 될 수 없다고 합니다. 왜일까요? 그 이유는 소득은 자산이 아니기 때문입니다. 언론에서도 종종 순자산 대신 소득을 강조하며, 연봉이 높으면 부자가 된다는 인식을 심어주곤 하죠. 하지만 이는 잘못된 생각입니다.

제가 아는 한 고액 연봉자 사례를 보면, 연봉 3억 원을 받는 분이 있었습니다. 당시 저는 '와, 진짜 부자네'라고 생각했죠. 하지만 실제로 속을 들여다보니 상황은 달랐습니다. 3억 원 연봉에서 소득세와 4대 보험 등을 공제하면 통장에 찍히는 금액은 월 1,600만 원이 조금 넘었습니다. 이 정도 금액만 해도 이제 막 사회생활을 시작한 신입사원에게는 엄청나게 큰돈이죠. 하지만 받는 액수가 얼마든 쓰는 액수가 훨씬 더 중요합니다. 스탠리 박사의 연구에 따르면, 연봉 3억 원에 월 1,800만 원을 쓰는 사람보다, 실수령액 300만 원을 받아 50만 원씩 저축하는 사람이 훨씬 더 부자입니다.

책에는 흥미로운 통계도 많이 나옵니다. 미국 전체 국민의 평균 자산은 약 9억 8천만 원입니다. "미국은 정말 잘 사는 나라구나"라고 느낄 수 있지만, 이는 통계의 함정입니다. 이 평균 자산에는 일론 머스크, 빌 게이츠, 워런 버핏, 제프 베이조스 같은 엄청난 부자들도 포함되어 있기 때문입니다. 몇몇 재벌들이 평균을

소득 대비 자산 분포

구분	소득(월)	세금, 보험 공제 후 실수령액	월 지출	월 저축액	비고
고액 연봉자	3천만 원	1,600만 원	1,800만 원	-200만 원	실제 자산 증식 거의 없음
일반 직장인	300만 원	270만 원	220만 원	50만 원	소득 대비 저축 효율 높음

확 올려버리기 때문에 중간값을 봐야 합니다. 1등부터 꼴등까지 쭉 나열했을 때 중간 등수가 얼마인지를 봐야 정확한 값이 나오죠. 중간값은 순자산 약 1억 4천만 원입니다. 집을 포함해서 1억 4천만 원 이상을 가진다면, 미국에서는 중산층 이상에 속합니다.

한 걸음 더 들어가면, 주택을 제외하고 계좌 잔고와 주식처럼 즉시 현금화할 수 있는 유동자산의 중간값은 약 3,500만 원입니다. 이 정도 자산을 가진 사람들은 하버드 MBA를 졸업하고 월가에서 일하거나 실리콘밸리에서 고소득을 올리는 사람들입니다. 이게 의미하는 게 뭘까요? 스탠리 박사는 왜 이런 통계를 보여준 걸까요? 아무리 수억 원대 고액 연봉자라 할지라도. 실제 부자가 아닐 수 있다는 메시지를 전하기 위해서입니다. 겉보기와 달리 속을 들여다보면, 처참한 현실이 드러납니다. 진짜 이웃집 백만장자는 따로 있다는 사실을 기억해야 합니다.

소비자와 생산자, 누구로 살아갈 것인가?

자본주의의 두 바퀴, 생산과 소비

현대사회의 기본 시스템은 자본주의입니다. 자본주의를 가장 간단히 표현하면, '두 개의 바퀴'라고 할 수 있습니다. 바로 생산과 소비입니다. 생산하고 소비하면 다시 생산할 자본이 돌고, 이를 소비하면서 자본주의의 톱니바퀴가 움직입니다.

그런데 조금 이상합니다. 두 개의 큰 바퀴가 있다면 각각의 바퀴를 움직이는 사람도 균등하게 있어야 할 텐데, 현실을 보면 우리는 거의 모두 소비자입니다. 집 밖으로 한 발만 나와도, 아니 집에만 있어도, 숨만 쉬어도 돈이 듭니다. 유형의 서비스뿐 아니라 무형의 서비스까지 포함하면 지출은 더욱 많아집니다.

이 현상이 의미하는 바는 무엇일까요? 생산자들은 유무형의 가치를 제공하며 엄청나게 다양한 형태로 돈을 벌어들이지만, 정작 나 자신과 주변을 보면 소비자만 가득합니다. 생각해보면 참 이상한 일입니다. 자본주의를 돌리는 두 개의 거대한 바퀴가 생산과 소비라면, 나는 왜 생산이 아닌 소비 쪽에서 평생 '소비자'의 아이덴티티를 지니고 살아가는 걸까요?

현금 55만 원을 당장 구하지 못하는 사람 46%

자본주의 사회에서 나는 어디에 서 있는가를 물어야 합니다. 평생 소비자로만 살아간다면, 부자가 되는 길에 들어서지 못하는 것은 당연합니다. 돈은 생산자가 버는 것이니까요. 소비의 한 축을 담당하는 것이 나쁘다는 의미는 아닙니다. 하지만 소비만 하다가 인생의 중요한 순간 급하게 필요한 약간의 돈조차 없이 살아가는 것이 진짜 문제입니다.

미국의 경우, 30분 또는 1시간 안에 55만 원을 구하지 못하는 사람이 100명 중 46명입니다. 46퍼센트라는 높은 수치죠. 액수는 다를 수 있지만, 짧은 시간 안에 필요한 돈을 구하지 못하는 사람은 우리나라에도 많습니다. 월급날까지 카드 현금서비스, 리볼빙 등으로 생활하며 부채에 의존하는 사람들이 의외로 많습니다.

그럼에도 소비 수준은 높습니다. 좋은 차를 타고, 맛집을 다니고, 굉장히 유복해 보이고, 심지어 부모님도 부자인 것처럼 보이는 사람들이 현금 55만 원조차 없는 경우가 있습니다. 부자처럼 보이는 가짜 부자, 혹은 부자 연습생입니다. 혹시 여러분도 아는 사람 이야기는 아닐까요?

다른 사고, 다른 사고방식

> 우리의 연구에 따르면 경제적 성공의 길은 파이어족이 보여주는 것처럼 인생과 돈에 대해 다른 사고를 하기를 요구한다. (……) 그 길은 절제와 노력을 요구한다. 슬프게도 미국인 중에서 은퇴 준비가 아주 잘 또는 잘 되어 있다고 느끼는 사람은 겨우 28퍼센트에 불과하며 비상 경비로 현금 400달러(약 55만 원)를 마련할 수 있는 사람은 54퍼센트에 불과하다. ─ 42, 43쪽

스탠리 박사의 말처럼, 인생과 돈에 대해 '다른 사고'를 할 필요가 있습니다. 다른 사고가 의미하는 것은 '우선순위'입니다. 다른 말로는 '목표'라고 할 수 있겠죠. 목표가 있다면 자연스럽게 절제와 노력이 따라옵니다. 절제와 노력이라고 해서 억지로 쥐어짜는 고난의 행군을 의미하지는 않습니다. 남들이 보면 "저걸 어떻게 하지?" 싶지만, 본인은 즐기면서 절제와 노력을 하는 사람들

이 많습니다. 심지어 재미있고, 뿌듯하고, 너무 신나게 말이죠.

저도 그랬습니다. 남들이 해외여행 갈 때 저는 등기권리증을 모았습니다. 해외여행을 가거나 차를 바꾸면 몇 달 정도는 기분이 좋습니다. 하지만 그 즐거움은 금세 사라지죠. 그러나 집을 사면 기분 자체가 다릅니다. 스스로 통과해온 길에 대한 자부심과 뿌듯함은 아주 오래 지속되니까요.

카드의 혜택에 속지 마라

아파트 청약에 당첨이 된 후배가 있었습니다. 그런데 그때부터 소비 씀씀이가 커지기 시작했어요. 한 번은 점심 식사 자리에서 신용카드 혜택 이야기가 나왔습니다. 후배는 연회비 800만 원짜리 카드가 진짜 좋다고 말했습니다. 국내외 특급 호텔에 묵으면 할인이 몇 퍼센트이고, 공항 VIP 라운지를 무제한 이용할 수 있고, 명품을 살 때도 백화점 할인 쿠폰이 제공되고, 유명 호텔 조식 뷔페까지 혜택이 어마어마하다고 했습니다.

하지만 이해가 되지 않았습니다. 혜택을 받으려면 해외여행을 가서 특급 호텔에 묵으며 조식 뷔페를 먹은 후 명품까지도 사야 합니다. 소위 '본전을 뽑으려면' 말이죠. 그렇다면 그냥 안 쓰는 편이 더 낫지 않을까요? 서울이 아닌 지방에서 이제 막 아파트 청

신용카드 혜택의 실체

구분	신용카드 혜택의 실체	비고
연회비	800만 원	연간 고정 지출
주요 혜택	• 국내외 특급 호텔 할인 • 공항 VIP 라운지 무제한 • 명품 구매 시 백화점 할인 쿠폰 • 유명 호텔 조식 뷔페 제공	혜택을 누리면서 고가 소비 전제
혜택 금액	약 1천만 원	혜택 총액 기준
혜택을 받기 위한 지출액	약 1억 원	실제 소비 필요액
결과	혜택은 크지만, 과도한 지출이 전제되어 실질적 이득은 낮음	'본전'의 개념이 왜곡됨

약에 당첨이 되었고, 잘 계산해도 시세 차익으로 2~3억 원 정도 남길 수 있었는데, 소비는 마치 20억~30억 원 정도 버는 사람처럼 생각했으니까요.

신용카드 혜택으로 1천만 원 할인을 받는 것은 어려운 일이 아닙니다. 1억 원을 쓰면 되니까요. 그런데 1천만 원을 할인받으려 1억 원을 써야 한다면, 결국 카드를 쓰지 않는 편이 더 현명한 게 아닐까요? 카드를 쓰지 않으면 연회비를 내지 않고, 불필요한 지출도 막을 수 있으니까요. 카드를 발급받으면 연회비를 내야 하고, 연회비를 냈으면 그만큼 써야 본전을 뽑는다면, 과연 어떤 쪽이 본전을 찾는 일일까요? 저는 지금도 이해하지 못합니다. 후배도 저를 이해하지 못했겠죠. 여러분의 생각은 어떠신가요?

부의 세계로
들어가는 티켓

버는 것보다 적게 써라

스탠리 박사는 "버는 것보다 적게 써라"라는 말을 여러 차례 강조합니다. 쌀로 밥 짓는 것처럼 당연한 얘기라고 생각할 수 있지만, 실제로 '버는 것보다 많이 쓰는' 사람들이 엄청나게 많기 때문에 강조하는 것입니다.

저는 '1억 원'을 벌 때까지는 절제하려는 노력이 필요하다고 생각합니다. 그런데 목표가 있어야 1억 원을 모을 수 있습니다. 목표가 없으면 내가 이 돈을 왜 모으고 있는지 이해가 되지 않는 순간이 무조건 찾아올 거예요. 바로 그 순간 동기가 훅 떨어집니다. 목표를 세울 때는 다른 사람 손때 묻은 것들을 고려하면 안 됩니다. 즉 나만의 진짜 목표여야 합니다. "남들 다 모으니까"; "어쨌든 1억 원은 모으라고 하니까"처럼 진심이 묻어 있지 않은 목표는 나를 굳건하게 붙잡아주지 않습니다. 손때 묻지 않은, 오롯이 '진짜 내 목표'여야 기꺼이 절제하며 모을 수 있습니다.

생짜로 1억 원을 모아야 하는 이유

1억 원은 생짜로 모아야 하는 금액입니다. 더 좋은 방법이 있을 수도 있지만, 지금까지 제가 직접 경험하고 보고 듣고 읽은 테두리 안에서는 이 방법이 가장 현실적입니다. 그리고 이 1억 원이 '부의 세계에 입장하는 최소한의 티켓'입니다. 1억 원을 모으면 무엇이 달라질까요?

첫째, 마인드 자체가 달라집니다.

5천만 원, 8천만 원도 큰돈이지만 1억 원과는 자산을 운용하는 '마음의 계산법'이 완전히 달라집니다. 예를 들어, 1억 원 중에서 3천만 원을 투자하면 전체 자산의 30퍼센트를 사용했다고 명확히 계산할 수 있습니다. 5천만 원을 투자하면 50퍼센트가 되고, 1천만 원을 벌면 내 자산의 10퍼센트를 증식했다고 생각할 수 있죠. 반면 모아둔 돈이 8,700만 원이라면 계산하기도 어렵고 애매합니다. 이러한 명확한 계산법은 투자 마인드를 장착하는 데 큰 도움이 됩니다.

둘째, 현금과 투자 비율을 조정할 수 있습니다.

1억 원은 내가 버는 돈으로 모아야 하며, 전액을 한꺼번에 투자하는 것이 아니라 일정 금액은 현금으로 보유하고, 나머지는 투자에 활용하는 것이 좋습니다. 적절한 레버리지를 활용하면 자산 전체를 올인하지 않고도 투자 효과를 극대화할 수 있습니다. 전 재산이 2천만~3천만 원인 사람이 한 번에 1억 원을 만들겠다고 올인하는 것보다, 일부는 현금으로 남기고 투자하는 전략이 훨씬 더 현명하고 성숙한 방법입니다.

셋째, 투자 유형을 이해할 수 있게 됩니다.

주식에는 성장주 투자와 가치주 투자가 있습니다. 성장주 투자는 미래에 큰 가치를 낳을 기업에 투자하는 것이고, 가치주 투자는 기업의 가치가 크게 훼손될 일이 없는 안정적 기업에 투자하는 방식입니다. 안정적이지만 폭발적인 성장을 기대하긴 어렵고, 대신 주주에게 배당금을 지급하는 경우가 많습니다.

과거 50대 초반의 남성분이 한 말이 저에겐 다소 충격적으로 들렸습니다.

"저는 사람들이 왜 가치 투자를 하는지 모르겠어요. 천만 원을 넣으면 기본 2천만~3천만 원은 나와야 투자지, 천만 원 넣고 100만 원 버는 게 무슨 투자냐는 거죠."

투자에 대한 판단은 사람마다 다를 수 있지만, 저는 이 이야기

를 들으며 투자에 대한 기본 원칙과 장기적인 시야의 중요성을
다시 생각하게 되었습니다.

빨간색 볼펜 하나만 잡아라

누군가 여러 색깔의 볼펜을 머리 위 1미터 정도 높이로 살짝 던지면서 "아무거나 하나 잡아라"라고 한다면, 어떤 색을 잡을 수 있을까요? 사실 대부분의 사람들은 펜이 공중에 떠 있는 순간 고민만 하다가 단 한 개도 잡지 못합니다. 그런데 이번에는 "빨간색 볼펜 딱 하나만 잡아라"라고 한다면 어떨까요? 아까보다 잡을 확률이 높아집니다. 나의 모든 신경이 빨간색 볼펜에 쏠리기 때문입니다.

제가 앞서 목표와 우선순위에 대해 말했는데, 이것을 이루는 방법이 바로 여기에 있습니다. 우리는 우선순위를 명확히 알고 있다고 생각하면서도, 실제로는 1순위뿐 아니라 2순위, 3순위, 4순위, 심지어 순위에 없는 것들까지 신경을 씁니다. 빨간색 볼펜을 잡아야 하는데, 파란색·초록색·노란색 볼펜에 눈이 가죠. 때로는 아예 보라색 볼펜을 찾기도 하고, 그냥 눈에 보이는 대로 아무거나 잡기도 합니다.

목표란 이런 것이 아닙니다. 닥치는 대로 하거나 그때그때 달

라지는 것은 목표라고 할 수 없습니다. 목표란 원하는 것을 정확히 정하고, 계획에 따라 한 번에 하나씩 이루어가는 것입니다. 여러분은 상품 소비와 경제적 자유, 두 가지 중에서 어디에 우선순위를 두고 계신가요? 경제적 성공과 자유를 원한다고 하면서, 실제로는 상품 소비에 훨씬 더 많은 에너지를 쏟고 있지는 않나요?

목표와 우선순위를 정하지 않는다는 것은, 입으로는 빨간색 볼펜을 잡아야 한다고 말하면서 손으로는 파란색·초록색·노란색 볼펜을 쫓는 것과 같습니다. 이 중 하나라도 잡으면 그나마 다행이지만, 손만 허우적대다가 그 어떤 것도 잡지 못하고 전부 놓치는 건 아닌지 생각해보면 좋겠습니다. 경제적 자유를 원한다면 '1억 원을 모은다'라는 목표를 확고히 세우고, 우선순위에 따라 행동하세요. 빨간색 볼펜을 손에 쥐듯, 목표를 정확히 붙잡고 지금까지와는 다른 삶을 기록해 나가면 됩니다.

승자가 될 수 없는 게임에서 빨리 벗어나라

명품과 소비의 함정

명품을 사는 사람들을 보면 '돈이 많은 부자'라고 생각하기 쉽습니다. 하지만 명품 브랜드의 실제 타깃이 누구인지 아시나요? 놀랍게도 돈의 압박을 받는 중산층, 혹은 중산층 이하입니다. 실제로 어느 나라든 명품 브랜드의 중산층 공략을 위한 마케팅은 정말 치밀하게 설계되어 있습니다.

예를 들어 매장에 명품을 사러 가면, 원하는 물건을 바로 내어주지 않습니다. 아늑한 의자로 안내하며 상품을 찾아오려면 10분 정도 기다리라고 하죠. 10분 동안 대부분의 사람들은 진열된 물건을 구경합니다. 원래 살 생각이 없었는데, 멋지게 놓인 명품들을 보노라면 이것도 사고 싶고, 저것도 사고 싶어집니다. A를 보여달라고 하면 B도 같이 보여줍니다. 하나를 사러 갔다가 두세 개씩 사서 나가는 경우도 많습니다. 원하는 물건은 마지막에 보여주며 최대한 많은 상품을 노출시키는 전략입니다. 10분은 결코 짧은 시간이 아닙니다.

두 번째 전략은 희소성 전략입니다. 재고가 있어도 "없다"고 합니다. 고객이 요청하는 대로 즉시 물건을 보여주면 고객이 "고민해볼게요", "다음에 올게요"라면서 생각할 시간을 가질 수 있기 때문입니다. 직원은 에너지를 쏟았지만 허탕을 치고 말죠. 그래서 원하는 물건을 주지 않고 수개월 동안 기다리게 만듭니다. 그러다 예고 없이 물건을 딱 푸는 순간 고객은 고민 없이 바로 사게 됩니다. '지금이 아니면 언제 살 수 있을지 모른다'라는 생각으로 말이죠. 목마른 사람에게 물을 주는 것과 같습니다.

부자에 대한 명백한 착각

명품을 사는 사람들이 모두 부자가 아니라면 고급 자동차는 어떨까요? 스탠리 박사에 따르면 고급 승용차를 모는 사람들 가운데 86퍼센트는 백만장자가 아니라고 합니다. 순자산 14억 원 이상이 타는 차의 평균 금액은 4,400만 원이고, 순자산 140억 원 이상은 6천만 원 정도입니다. 그런데 순자산 10억 원 미만인 사람들이 억대 고급차를 타는 경우가 많습니다.

물론 자산에 맞춰 차를 타야 하는 건 아니지만 소득 대비 지출의 관점에서는 바람직하지 않습니다. 돈이 있는 사람과 없는 사람에 대한 그릇된 전제가 경제적 자립을 추구하는 근면성, 삶에 대한 만족감에 어떤 영향을 주는지 한번 보겠습니다. 이에 대해 저자는 이렇게 말합니다.

> 자연 보호 구역에 인접한 커다란 주차장을 벗어나 막 산을 오르려던 순간 한 산림 경비원이 눈에 들어왔다. 그가 주차 위반 경고장을 꺼내 드는 모습에 아내가 "아까 주차할 때 주차권을 대시보드에 올려뒀죠?"라고 내게 물었다. 생각해보니 주차권을 대시보드가 아니라 콘솔 안에 넣어뒀다. 나는 경비원에게 말했다. "차에 가서 주차권을 대시보드에 올려놓지 않으면 주차 위반 스티커 붙이시나요?" 그는 미소를 지은 채 주차장을 가리키며 내 차가 어떤 거냐고 물었다. 나는 도요타 4러너라고 대답했다. 그런데 돌아온 그의 대답이 충격적이었다. "아마 도요타 쪽으로는 내가 딱지 떼러 안 갈 겁니다. 도요타, 포드, 쉐보레 이런 거 모는 사람들은 대부분 주차 요금 3달러 잘 내고 가요. 대개 메르세데스, BMW, 재규어를 모는 사람들이 주차 요금을 안 냅니다. 최악은 레인지로버 운전자들이고요. 제가 이 일을 오래 해서 다 압니다. 이 나라에서 돈을 제대로 내는 사람은 노동자들이죠. 부자들은 세금도 안 내고 주차비도 안 내요." ― 73~74쪽

여기에 치명적인 오류가 한 가지 있습니다. 삼림 경비원이 '좋은 차를 모는 사람은 부자'라고 가정했다는 사실입니다. 스탠리 박사가 지적했듯, 고급 승용차를 모는 사람의 86퍼센트는 백만장자가 아닙니다. 그래서일까요, 그들은 주차료를 내거나 식당 종업원, 캐디 등에게 줄 팁이 없었는지도 모르죠. 레인지로버를 모는 사람이 가장 무리를 했기 때문에 주차비를 제일 안 내는 것이고요. 도요타나 포드, 쉐보레는 무리한 지출을 하지 않는 사람들이기에 주차 요금을 잘 내는 게 아닐까 하고 완전히 다른 시선으로 봅니다. 스탠리 박사의 주관적 견해가 아니냐고요? 실제 통계에 근거한 팩트입니다.

소비 경쟁에서 이기는 법은 없다

자본주의 사회에서 살며 소비 경쟁에서 이기는 방법이 있을까요? 없습니다. 군비 경쟁과 같습니다. 각국이 군비 경쟁을 하는 이유가 뭘까요? A국이 무기를 도입하면 B국도 도입하고, B국이 강한 무기를 들이면 A국은 더 강한 무기를 도입합니다. 이런 일이 반복됩니다. 서로 이렇게 생각해서겠죠.

"우리는 단순히 이 부분이 부족해서 보완하려고 했을 뿐인데, 저쪽은 우리를 핑계로 무장을 강화하네? 그렇다면 우리도 애초

계획보다 더 강화하는 수밖에."

소비 경쟁도 마찬가지입니다. 혼자서는 할 수 없고 반드시 나를 자극하는 존재가 있어야 지속됩니다. 제가 다니던 회사의 사례를 들어보겠습니다. 지상 주차장이라 직원들이 타는 차가 한눈에 훤히 보였습니다. 누가 무슨 차를 타는지도 다 알았습니다. 초반에는 대부분 국산 차였고, 고위직이 타는 벤츠e클래스 정도가 눈에 띄었습니다. 그런데 어느 날 신입사원이 BMW3를 타고 출근하면서 순식간에 미묘한 파장이 일었습니다. 불과 1~2년 사이, 직원들의 차량은 거의 모두 수입차로 바뀌었고 국산 차로 돌아간 사람은 없었습니다. 저 역시 그 흐름에 동참했죠. 안 할 수가 없더군요. 그 일로 인해 저의 경제적 자유는 2년 정도 뒤로 밀려났습니다.

스탠리 박사는 이 현상을 정확하게 짚어냈습니다.

> 다른 사람들은 무슨 차를 타고 뭘 먹고 무슨 옷을 입는지 돌아보지 않는 것을 우리는 '사회적 무관심'이라고 부른다. 모든 유형의 소비에 사회적 무관심 수준이 높은 사람들은 재산을 모을 기회가 많다. —141쪽

이처럼 우리는 과시적 소비 경쟁에 휘말린 삶을 살지 않아야 합니다. 스탠리 박사는 이어 덧붙입니다.

신뢰도가 검증된 측정 방식을 사용했을 때 나이 소득과 다 상관없이 주변의 유행에 대해 무관심한 이런 태도는 순재산과 관계가 있는 것으로 나타났다. 다른 사람들이 무엇을 사는가에 신경을 곤두세우고 끊임없이 가장 좋은 최신 소비재를 갖고 싶어 하는 사람들은 시간이 지나도 재산을 모을 가능성이 낮았다. 자신의 소득으로 재산을 모으는 데 성공한 사람들은 다른 사람이 차고 앞에 무슨 차를 세워 뒀든 어떤 복장으로 출근하든 SNS에 뭘 포스팅하든 무관심한 행동을 일관되게 보였다. ― 142쪽

그는 오하이오의 백만장자 사례도 소개했습니다.

사업을 시작하고 10년 동안 아내와 저는 이웃을 따라잡으려고 하지 않았습니다. 친구들은 스포츠 연주회 시즌 입장권을 사고 근사한 차를 타고 다녔죠. 제가 일이 바쁘기도 해서 우리는 그런 데 가서 친구들과 어울리지 않기로 했습니다. 돌이켜 봐도 아쉬운 것도 없고 상처받은 것도 없어요. 우리는 늘 절약하고 저축에 힘썼지만 인색하지 않았습니다. 그냥 사업을 키우고 가족을 돌보는 것 외에 일을 하지 않았을 뿐이죠. ― 142쪽

그는 우선순위 1순위에 집중하면서 살았던 겁니다. 저도 성공의 증표가 꼭 수입차나 상급지 아파트일 필요는 없다고 생각합니다. 재정적인 성공 혹은 경제적 자립 그 자체가 최고의 보상입니

다. 저 역시 스탠리 박사가 말한 '사회적 무관심'을 제가 유지할 수 있었던 것을 천만다행으로 생각합니다.

대안적 삶의 방식은 언제든 가능하다

그렇다면 우리는 어떤 생활 방식을 선택해야 할까요? 스탠리 박사는 이렇게 강조합니다.

> 더 부유해 보이는 데 더 관심이 있는 소비 위주의 생활 방식이 대부분의 사람들을 일평생 직장에 종속되어 일에 매인 삶, 경제적 자유가 거의 없는 삶으로 몰아넣고 있다는 사실을 이해한다면 지금부터 대안적인 삶과 생활 방식을 만들어 나갈 수가 있을 것이다.
> ― 104쪽

대안적인 삶과 생활 방식이라는 건 지금까지는 '안 하던 걸 해야 한다'라는 뜻입니다. 그러나 말처럼 쉽지 않습니다. 제가 회사를 그만두기 전, 퇴직 계획을 누구에게도 털어놓지 않았습니다. 그러다 늘 힘든 얼굴로 불평 불만하던 선배에게 조심스레 말했죠.

"형, 다르게 살아봐요. 파이어(FIRE) 생각은 없어요?"

돌아온 답변이 충격적이었습니다.

"경제적 자유? 파이어족? 나 같은 흙수저는 정년퇴직해도 트력 몰아야 돼. 평생 일해야지, 무슨 경제적 자유야?"

그에게 '파이어족'이 되는 건 다른 세상 이야기였습니다. 조금만 다르게 움직이면 '대안적인 삶과 생활 방식'을 찾을 수 있는데, 가능하다는 생각조차 안 했습니다. 평생 월급으로 생활해야 하니 싫은 일 때문에 극한의 스트레스를 받아도 참고 견디는 수밖에 없는 것이 자신의 인생이라고 굳게 믿었죠. 그러다 병까지 얻고 큰 수술도 몇 차례 했습니다. 그런데도 여전히 기존의 생각을 깨지 못하더군요. 지금 생각해도 너무 안타깝고 속상한 일입니다.

금수저인 척하는 것보다 의미 있는 일

종이에 동그라미 하나를 그리고 그것을 한 달이라고 생각해봅시다. 1년이면 열두 개가 됩니다. 이제 막 스무 살이 된 한국인 A의 인생을 평균수명 90세로 가정하면, 종이는 동그라미로 가득 차겠죠(2022년 통계청 자료에 따르면 한국인의 평균 연령은 82.7세입니다. 지난 10년간 평균 연령이 1.3세 늘었고 이 추세가 유지되어 10년마다 평균 연령이 1.3세씩 늘어난다고 가정하면 60년 후 평균 연령은 7.8세 증가합니다. 그렇다면 한국인 A의 평균 연령은 90.5세가 되는데 90세라고 가정한 겁니다).

지금 20살인 A는 앞으로의 인생을 어떻게 보내게 될까요? 24년은 자는 데 쓸 겁니다. 그리고 10년 6개월 동안은 학교와 직장에 다닙니다. 1년 6개월은 도로 위에서 보내고, 요리와 식사를 하는 데 3년을 씁니다. 집안일 및 기타 잡다한 일들을 처리하는 데도 3년을 씁니다. 아, 그리고 진짜 중요한 일이 있어요. 화장실과 욕실에서 보내는 시간이죠. 여기에 2년 3개월을 씁니다.

이 시간을 제외하고 나면 이제 A에게 남은 시간은 27년 정도입니다. 하지만 27년 정도면 원하는 인생을 살기에 충분한 시간입니다. 전혀 부족하지 않아요. 그런데 안타깝게도 현재의 추세를 보면 A는 남은 27년 중 93퍼센트에 해당하는 25년을 화면 속에서 보낼 겁니다. PC, 스마트폰, 넷플릭스를 포함한 OTT, 게임, AI와 대화, 가상 및 증강현실 등 정말 다양한 종류의 화면들이 A를 붙잡아놓을 테니까요.

여기서 정말 충격적인 사실과 마주합니다. 지금 스무 살인 A에게 진짜 남는 시간은 2년 정도라는 거죠. 실질적으로 자신이 원하는 삶을 위해 움직일 수 있는 시간은 고작 2년입니다. 우리가 90세까지 산다고 해도 항상 바쁘고 피곤해서 새롭게 뭔가를 할 시간이 없는 이유입니다. A는 20세지만, 만약 여러분이 40세라면 혹은 50세, 60세라면 여러분이 '진짜 가지고 있는 시간'은 어느 정도 될까요?

직장생활, 사업, 프리랜서 어떤 일을 해도 피로는 쌓입니다. 항상 바쁘고 해야 할 일은 끝없이 늘어나죠. 체력은 한정돼 있고, 육

아까지 더해지면 자유 시간은 더 줄어듭니다. 우리가 90세까지 산다 해도 우리에게 '진짜 시간'은 그다지 많지 않습니다. 그렇다면 그 희소한 시간에 자신의 위치를 정확하게 인지하고 금수저인 척하는 소비를 멈춰야 하지 않을까요? 저와 여러분, 우리는 소비 경쟁이라는 게임에서 절대로 이길 수 없습니다. 혹시 지금 자신도 모르게 그 게임을 하고 있다면, 어서 벗어나십시오. 단지 멈추는 것만으로도 삶은 많이 달라집니다.

성찰의 대화

이 책을 읽는 동안 흥미로운 자료 하나를 봤습니다. 바로 '수저 분류표'입니다. 제가 세 가지 질문을 드릴 테니 여러분은 어디에 해당하는지 스스로 판단해보세요.

첫 번째 질문입니다.

"여러분은 부모님을 경제적으로 도와드려야 하나요?"

여기에 "그렇다"라고 대답했다면 흙수저입니다. 저도 흙수저였죠. 부모님께 매달 생활비를 드려야 했습니다. 직장인이던 시절, 명절이나 생신, 어버이날 때마다 '30만 원을 드릴까, 40만 원을 드릴까'로 고민했는데, 그런 제 모습이 싫었습니다. 지금은 그때 고민했던 액수의 수십 배를 드리고 있습니다. 스탠리 박사가 말한 것처럼 '사회적 무관심'의 태도로 소비 경쟁에 뛰어드는 대신, 버는 것보다 적게 쓰며 꾸준히 투자한 결과입니다.

두 번째 질문입니다.

"경제적으로 부모님을 굳이 도와드릴 필요는 없으신가요?"

여기에 "그렇다"라고 대답하면 은수저입니다. 저는 처음에 이게 금수저인 줄 알았습니다. 그런데 아니더군요. 그렇다면 금수저는 누구를 말하는 걸까요?

세 번째 질문입니다.

"부모님이 나를 경제적으로 도와주시나요?"

이 질문에 "그렇다"라고 답하면 금수저입니다. 저는 금수저로 태어나지 못했기에 이런 상황을 상상조차 못 했습니다. 하지만 금수저가 끝이 아닙니다. '나는 놈 위에 뛰는 놈'이 있듯, 금수저 위에는 '다이아수저'가 있더군요. 부모님이 나도 도와주시고, 내 아이까지 도와주는 경우 말입니다.

그 자료를 보면서 이런 생각이 들었습니다.

'나는 진짜, 완전 흙수저였구나.'

그러나 중요한 것은 내가 어떤 수저를 물려받았느냐가 아닙니다. 수저의 색깔은 내가 바꿀 수 있기 때문입니다. 흙수저를 받았다 해도 은수저, 금수저, 다이아수저로 바꿔내면 됩니다. 경제적인 이유로 아이가 원하는 것을 해주지 못하는 가슴 아픈 일은 없어야 하지 않겠습니까?

"이건 아빠가 할머니 할아버지에게 받은 거란다. 소중하게 여기렴."

이렇게 말하며 흙수저를 아이에게 그대로 물려주고 싶은 부모는 없을 겁니다. 물려받은 흙수저를 그대로 전달하는 대신, 내가 다이아수저를 새로 만들어서 아이에게 주면 됩니다. 부모님을 원망할 이유조차 없습니다. 그분들은 그 시대, 그 상황에서 최선을 다하셨습니다. 없는 수저를 만들어낸 것일 수도 있으니까요.

어떤 집안에서 태어났든 상관없습니다. 릴레이 달리기로 비유해볼까요? 우리는 부모님으로부터 바통을 넘겨받았습니다. 그런데 바통을 주다 부모님이 넘어지셨습니다. 이때 부모님이 원하는 건 뭘까요? 달리기를 포기하고 자신들을 부축하는 걸까요? 아니면 자신들보다 더 빨리 달려 1등으로 골인하는 걸까요? 당연히 후자일 겁니다.

 그러니 여러분, 꼭 여러분만의 새로운 수저를 만드십시오. 그것이 부모님의 바람이고, 여러분이 다음 세대에게 남겨야 할 삶의 유산일 것입니다.

필사 문장

"나는 사람들이 소유한 것들에 감명을 받지는 않는다. 그들이 성취한 것에 감명을 받는다. 항상 네 분야에서 최고가 되려고 노력하고 돈을 쫓아다니지는 마라. 네 분야에서 최고가 되면 돈은 저절로 따라올 것이다." — 49쪽

실천 질문

"내가 진짜 최고가 되고 싶은 단 하나의 분야는 어디입니까? 그 분야에서 나는 어떤 구체적 성과를 이루고 싶은가요?"

부는 받을 준비가 된 사람에게만 다가옵니다. 큰 그릇에 많은 양이 담기고, 작은 그릇에 적은 양이 담기죠. 여러분이 진심으로 '나는 받을 만한 사람이다'라고 믿는 순간, 세상은 그에 맞는 대우를 할 것입니다.

나침반 도서:《백만장자 시크릿: 부를 끌어당기는 17가지 매뉴얼》(하브 에커, 나선숙 옮김, RHK, 2020)

나침반 2

내 안의 씨앗을
성장의 방향으로 틔우다:
나 자신을 최고의 우량주로 만들어라

하와이 대저택의 편지

이미 《백만장자 시크릿》을 읽으신 분들이 많을 것입니다. 그런데, 이 책을 떠올렸을 때, 또렷이 기억나는 부분이 있으신가요? 아니면 단지 느낌만 어렴풋이 남아 있을 뿐인가요? 우리가 고전을 읽고 난 후 흔히 '이 책을 읽었다'라는 사실만 기억할 때가 많습니다. 하지만 삶의 방향을 잡을 때 다시 읽어야 하는 책이 있습니다. 이 책 역시 그런 책 중 하나입니다.

우리는 정말로 성공하길 바랍니다. 원하는 삶을 살고 싶어 합니다. 충분히 많은 돈을 벌고 싶어 합니다. 그런데도 그러지 못하는 이유는 무엇일까요? 책에는 이렇게 나와 있습니다.

> 잠재력을 충분히 발휘하며 사는 사람은 그리 많지 않다. 성공하는 사람도 드물다. 연구 결과에 의하면 80퍼센트가 자신이 바라는 만큼의 경제적 자유를 누리지 못하고 진정한 행복도 느끼지 못한다. —28쪽

하브 에커(Harv Eker)는 물리적 세계에서는 문제를 수정할 수 없다고

말합니다. 프로그램에 입력된 정보, 즉 잠재의식에 입력된 정보를 바꿔야 문제가 해결된다고 하죠.

맞습니다. 우리는 '녹화된 내용'이 아니라 '녹음기'입니다. 컵 안에 든 '음료'가 아니라 '컵' 자체인 것과 같습니다. 즉, 하드웨어가 아니라 소프트웨어입니다. 녹화된 내용, 컵의 내용물인 이 소프트웨어, 즉 우리의 잠재의식이 문제입니다.

> 당신은 무언가를 믿을 것이다. 세상 사람들이 다 그렇다. 어차피 선택해야 할 거라면 자신에게 도움이 되는 믿음, 지원군이 되어주는 믿음, 부자가 될 수 있는 믿음을 택하는 편이 낫다. 명심하자. 생각이 감정을 낳고, 감정이 행동을 낳고, 행동이 결과를 낳는다. 부자들처럼 생각하고 행동하면, 부자들이 만들어내는 결과를 당신도 만들어낼 수 있다.
> — 70~71쪽

하브 에커가 말한 것처럼, 이제 우리는 소프트웨어를 바꿔야 합니다. 원하는 행복이 꼭 많은 돈에서 오는 것은 아닐 수 있습니다. 그러나 원하는 행복을 누리기 위해서는 시간과 공간의 자유, 그리고 물질적인 것을 충분히 누릴 만큼의 돈이 필요하다는 것은 분명합니다.

이제, 여러분의 잠재의식을 변화시키는 여정을 시작할 때입니다.

좋은 열매는 도대체 어떻게 열리는가?

돈은 성장한 나에게 따라붙는 것

부자가 되고자 노력을 하면 무엇을 얻을까요? 돈만 얻는 것이 아닙니다. 더 나아진 자기 자신을 얻게 됩니다. 돈을 공부하는 과정에서 내가 더 크게 성장하니까요. 돈은 그 사이 성장한 나에 걸맞게 따라붙는 것입니다.

과거 직장인 시절의 저는 평일엔 회사에 출근하고 주말엔 쉬는 삶을 살았습니다. 말 그대로 '참 별다를 것 없는 삶'을 무한 반복하며 살았죠. 그러다 문득 주변을 보니, 다들 뭔가를 하고 있었습니다. 가장 기억엔 남는 일은 미국 주식을 하고 있다는 동료의 말이었습니다. 테슬라 주식을 샀다고 하더군요. 10년도 더 전 일이었습니다. 1천만 원 정도만 샀어도 지금 3억 원이 넘습니다. 당시 주변에 미국 주식을 하는 사람은 거의 없었기에, 동료의 말은 저에게 큰 충격이었습니다.

제가 얼마나 몰랐는지 아십니까? 미국 주식을 사려면 미국 영주권이나 시민권이 있어야 하는 줄 알았습니다. 아니면 금융당국 어딘가의 허가를 받고 승인된 후에야 거래가 가능한 줄 알았죠. 우리나라에서 미국 주식을 바로 살 수 있다는 사실 자체를 몰랐던 겁니다.

부동산 쪽도 무지하기는 마찬가지였습니다. 저와 동갑인 직원은 집을 두 채나 갖고 있었습니다. 월급이 비슷한데 어떻게 그게 가능하냐고 물었더니, 갭 투자를 했다는 겁니다. 갭 투자라는 말조차 처음 들었습니다.

미국 주식이든 갭 투자든 정확히 무엇인지는 몰랐지만, 한 가지는 확실히 깨달았습니다. 이렇게 살면 내가 60세가 되어도 삶의 수준이 똑같을 수밖에 없다는 사실을요. 호봉표를 보니 60세에 받게 될 연봉은 1억 원 조금 넘더군요. 하지만 당시 1억 원에 비해 제가 60세가 된 시점의 1억 원은 훨씬 적은 돈일 겁니다. 인플레이션을 고려하면, 오히려 연봉이 줄어들 수도 있겠다는 생각에 이르렀죠. 겉보기엔 안정적이었지만, 심각하게 정체된 삶이었습니다. 정신이 번쩍 들더군요.

돈 공부의 진정한 목적은?

단순히 '돈은 많으면 많을수록 좋겠지. 언젠가는 좀 많아지겠지?' 하며 '무대책 낙천주의자'로 살았던 저에게, 돈은 그날 이후 갑자기 '생존'의 문제로 다가왔습니다. 퇴직 후에도 살아야 할 날은 길었고, 일상을 지탱하려면 지금과 다른 삶을 준비해야 한다는 걸 직감했습니다.

우선 어느 정도의 돈이 있어야 하는지 생각했습니다. 막연하게 '100억 원이 있으면 좋겠다'가 아니라, 회사에 다니지 않고도 충분히 생활하려면 얼마가 필요한지 계산했습니다. 지금부터 얼마를 모아야 하고, 그걸 위해 돈을 어떻게 운영할지, 현금 흐름은 어떻게 만들지, 정확히 어디에 투자해야 할지 고민했습니다.

"부동산에 투자하려면 어떤 것부터 공부해야 하지?"

"ETF는 뭐고, 주식과 채권은 어떻게 다른 걸까?"

"금리는 단순한 이자가 아닌데, 정확한 개념은 뭐지?"

이런 기초적인 질문부터 하나씩 정리하기 시작했습니다. 책도 읽고, 강의도 듣고, 관련된 사람에게 조언도 구했습니다.

몸을 만드는 데 재미를 붙이면, 누가 옆에서 뭐라고 하지 않아도 스스로 운동하고 식단을 관리하게 됩니다. 돈을 공부하니, 생각의 깊이와 시선의 높이가 달라졌습니다. 자연스레 '어떻게 살아야 할까'를 고민하게 되었습니다. 처음 경험하는 일이었습니다. 깊어진 생각으로 안 하던 행동을 하기 시작했고, 높아진 시선으로 보니 세상이 완전히 다르게 보였습니다.

그렇게 궁극적으로 '나'라는 사람 자체가 변했습니다. 가장 먼저 소비 습관이 바뀌었습니다. 당시 텔레비전 홈쇼핑에서 36개월 할부로 산 프라다 백 팩을 메고 다녔는데, 처음 샀을 때 진짜 기뻤습니다. 무척이나 아끼면서 메고 다녔죠. 그런데 투자를 통해 등기권리증을 갖게 되니, 명품 가방을 산 기쁨과는 차원이 달랐습니다. 더 이상 브랜드 로고로 사회적 위치를 홍보하지 않아도 되었습니다.

"남이 나를 어떻게 보느냐보다 내가 나를 어떻게 생각하는가?"

이 말이 정확히 어떤 느낌인지 알게 되었으니까요. 이 느낌을 알게 되면, 과거로 절대 돌아갈 수 없습니다. 그러는 사이 보유 자산도 점차 늘어갔습니다.

돈을 공부하면서 저는 '나 자신'을 공부했습니다. 돈은 열매였고, 그 뿌리는 나 자신이었습니다. 뿌리가 건강해야 좋은 열매를 거둔다는 사실을 이제는 잘 알고 있습니다.

최고의 우량주는 나 자신이다

트위터를 시작한 것도 이 무렵입니다. 미국 주식을 하면서 늘 팀 쿡, 일론 머스크, 제프 베이조스, 마크 저커버그 같은 이들이 무슨 말을 하는지 궁금했습니다. 이들이 한 말이 우리나라에 기사로 나오기까지 6~12시간이 걸리므로, 조금이라도 빨리 소식을 접하고 싶었습니다.

당시 트위터로 저에게 상담을 요청한 분이 있었습니다. 강남에서 유명한 1타 강사였고, 재산도 수백억 원을 모았다고 하더군요. 그동안 오직 1타 강사가 되기 위해 영혼을 갈아 넣으면서 살았다고 합니다. 그런데 최근 대치동 유명 학원에서 신규 온라인 플랫폼으로 옮겼습니다. 수입은 훨씬 줄었지만, 이제부터 자신이 원하는 삶을 살고 싶어서입니다. 그럼에도 강남 최고 1타 강사라는 타이틀이 사라지면서 한물간 퇴물이 되는 기분이 들어, "이렇게 살기로 한 결정이 과연 맞는 걸까?"라는 의구심을 떨칠 수 없다고 했습니다.

저는 이렇게 말씀드렸습니다.

"강남 1타 강사라는 타이틀, 수입, 다 좋습니다. 하지만 정작 본인이 자신을 최고의 우량주라고 자신 있게 말할 수 있어야 합니다. 그렇게 생각하십니까?"

이 말을 했던 이유는 과거의 저 역시 같은 고민을 했기 때문입니다. 아무리 미국 우량주에 투자하고 좋은 부동산을 보유하더라도, 자산은 오르락내리락하기 마련입니다. 전쟁이 날 수도 있고, 예상치 못한 전염병이나 국내외 정치 문제도 발생합니다. 알 수 없는 모든 변수를 통제할 수는 없습니다.

내가 최고 우량주가 아니라 내 주식이나 부동산이 최고 우량주라면, 상황에 따라 나는 휘둘릴 수밖에 없습니다. 경기에 따라 역전세가 발생하거나 주식시장이 폭락하면 일상이 뿌리째 흔들리니까요.

그래서 저는 나 자신이 최고의 우량주가 되어야 한다고 결심했습니다. 내가 최고 우량주라면, 내가 가진 부동산이나 주식은 나를 서포트할 뿐, 이것에 휘둘리진 않습니다. 1타 강사 분에게도 이런 맥락에서 이야기해드린 것입니다.

"살면서 한 번도 생각하지 않았던 말이네요. 평생 못 잊을 듯합니다. 감사합니다."

제 생각을 말씀드렸을 뿐인데, 진심으로 감사의 마음을 전해주셔서 저 역시 고마운 기억으로 남습니다. 하브 에커의 메시지도 바로 이것입니다. 결국 중요한 것은 '무엇'을 갖느냐가 아니라 '누가' 되느냐입니다. 이 '누구'는 회사 직책도 아니고, 내가 가진 아파트나 빌딩, 주식도 아닙니다. 내가 어느 정도 레벨이 되는 사람인지, 내가 몸담고 있는 혹은 몸담고자 하는 분야에서 어느 정도 전문성을 갖추었는지가 중요합니다.

부동산, 주식, 코인, 어떤 자산이든 시장 상황에 따라 출렁입니다. 그러나 나라는 사람, 내가 가진 역량과 태도, 살아온 시간 속에 축적된 경험은 쉽게 사라지지 않습니다. 하브 에커가 "성공은 기술이 아니라 무의식의 마인드셋(blueprint)에서 비롯된다"라고 말한 것처럼, 우리는 지금까지 스스로도 모르게 무의식에 설치된 소프트웨어대로 살아왔을 뿐입니다. 앞으로 어떤 소프트웨어를 설치하고 살아가느냐에 따라 완전히 다른 결과를 만들 수 있습니다.

누가 내 머리에
권총을 들이댔나?

행복의 크기는 내가 정한다

경제적으로 행복해지려면 도대체 어느 정도의 돈이 필요할까요? 만약 그 기준이 '강남 대형 평수 아파트, 별장 두세 채, 고가의 수입차 몇 대, 매년 외국 휴양지에서 한 달 살기, 최고급 샴페인과 캐비어'라면, 솔직히 말씀드릴게요. 여러분이 바라는 행복에 도달하기 위해 평생을 바쳐야 할 수도 있습니다. 행복의 양적 기준을 높게 설정했다면, 더 많은 시간과 에너지를 투자할 각오가 필요한 것은 당연하니까요. 그러나 행복의 기준은 사람마다 다릅니다. 다행히 스스로 정할 수 있죠. 하브 에커는 말합니다.

해마다 세계 여행을 다니며, 캐비어를 먹고 최고급 샴페인을 마셔야 삶을 즐기는 거라고 생각한다면, 그것도 좋다. 하지만 수준을 상당히 높게 잡은 만큼 행복할 수 있는 수준에 이르기까지 상당한 시간이 필요하리라는 점 또한 각오해야 한다.
―200쪽

에커가 말하려는 핵심은 간단합니다. 전 세계를 여행하지 않아도, 캐비어를 먹으며 고가의 자동차를 몰고 다니지 않아도, 내가 충분히 만족하고 즐길 수 있는 삶이라면 더 빠르게 경제적 자유를 이룰 수 있다는 의미죠.

한 달에 얼마를 쓰고 살아야 행복하다고 느낄까요? 과거에는 저도 돈이 많아야 자유로울 수 있다고 생각했습니다. 아파트 평수는 넓을수록 좋고, 자동차는 고급차가 안락하고, 명품은 비싸지만 확실히 멋지다고 믿었죠. '언젠가' 그런 삶을 살게 되리라 막연히 기대하면서요. 그러나 그 '언젠가'는 때가 되면 버스가 정류장에 도착하듯 저절로 찾아오는 것이 아니었습니다.

내 삶의 크기는 내가 정한다

'파이어족(FIRE: Financial Independence, Retire Early)'이라는 단어를 처음 들었던 것도 이 무렵이었습니다. 경제적 자유, 조기 은퇴. 그 단어 하나에 꽂혀서 수많은 책을 읽기 시작했습니다. 《파이낸

셜 프리덤》(그렌트 사바티어, 박선령 옮김, 반니, 2021), 《파이어족이 온다》(스콧 리킨스, 박은지 옮김, 지식노마드, 2019), 《부자 아빠, 가난한 아빠》(로버트 기요사키, 안진환 옮김, 민음인, 2018) 같은 책들이었습니다. 그런데 읽을수록 머리가 복잡해졌습니다. 도대체 '얼마'가 있으면 경제적 자유를 이룰 수 있는지 명확하게 제시해주는 책은 없었던 겁니다. 이렇게 책들을 읽어가던 어느 날, 한 가지 깨달음을 얻게 되었습니다.

"경제적 자유는 수입의 크기가 아니라, 지출 규모에 달려 있다."

망치로 머리를 한 대 맞은 것 같았습니다. '버는 돈'보다 중요한 것은 '쓰는 돈'이었죠. 그날 이후 저는 질문을 바꾸었습니다. "얼마를 벌어야 행복할까?"에서 "얼마만 써도 행복할까?"로 말입니다. 그걸 직접 시험해보기 위해 지출을 대폭 줄였습니다. 그렇게 해야 "나는 한 달에 최소 이 정도면 충분히 잘 살 수 있구나"라는 기준을 알 수 있으니까요. 처음엔 지출이 줄면 삶이 위축될 줄 알았습니다. 그런데 오히려 반대였습니다. 삶을 주도적으로 꾸려나가고 있다는 자부심이 더 강해졌죠.

지금 저는 예전보다 훨씬 더 바쁘고, 활기차고, 자유롭게 살고 있습니다. 단순히 경제적 자유를 달성했기 때문만은 아닙니다. 내가 선택한 삶, 내가 주체가 되는 삶, 누구와 어디에서 무엇을 함께할지를 내가 결정하는 삶을 살고 있기 때문입니다.

부의 본질은 소득이 아니라 지출이다

우리는 흔히 부자라고 하면 슈퍼카를 몰고, 전용기에 올라 고급 리조트에서 자가 요트를 타고 휴가를 보내는 이미지를 떠올립니다. 하지만 그 모습이 진짜 부자의 표준일까요? 소득은 평범하지만 절제하며 살아 더 큰 자산을 가진 사람이 많습니다. 누군가는 한 달에 1억 원을 쓰지만, 수입은 20억 원에 달합니다. 겉보기에 사치스러운 삶 같아도 실제로는 수입의 5퍼센트만 쓰는 검소한 사람입니다. 반대로 월 3천만 원을 벌어도 매달 3,100만 원을 쓰는 사람은, 겉으로는 부자 같아 보여도 사실은 적자 인생입니다.

많은 이들이 오해합니다. 부자는 항상 좋은 차를 타고, 백화점 명품관에서 쇼핑하며, 고급 음식점에서 외식한다고요. 물론 그런 부자들도 분명 존재하지만 그렇지 않은 경우도 그에 못지않게 많습니다. 진짜 부자들 중 상당수는 중고차를 타고, 할인 마트에서 장을 보며, 외식보다 집밥을 즐긴다고 합니다.

NBA 같은 프로 스포츠 선수들은 한 시즌에 수백억 원을 벌기도 합니다. 하지만 은퇴 후 몇 년 안에 파산하는 경우도 적지 않습니다. 번 돈보다 더 쓰기 때문이죠. 실제로 한 선수는 NBA 챔피언에 올랐으나 은퇴 후 4년 만에 생활고에 몰려 챔피언 반지를 팔아야 했습니다. 당시 그의 자산은 약 60억 원이었지만 빚은 175억 원에 달했습니다. 많이 벌었지만 돈을 다룰 줄 몰랐던 겁니다. 수입이 높다고 해서 무조건 부자의 삶이 보장되는 건 아닙니다.

부자는 단지 돈을 많이 버는 사람이 아니라, 돈을 지키고 불리는 법을 아는 사람입니다. '소득이 오르면 소비도 당연히 올라야 한다'는 생각은 함정입니다. 오히려 소득이 늘어날수록 소비 습관을 더 철저히 관리해야 합니다. "나를 위해 쓰는 돈이니까 괜찮아"라는 자기 위안은 마취제에 불과하죠.

부자의 삶은 화려함에서 시작되지 않습니다. 오히려 조용하고, 눈에 띄지 않으며, 일관된 절제 속에 있습니다. 만약 당신이 진짜 부자의 삶을 꿈꾼다면, 소비 습관부터 점검해보세요. 명품 가방 하나쯤은 괜찮다는 마음, 이번 여행은 특별하니까 예산을 넘겨도 된다는 생각, 커피 한 잔쯤은 당연히 사 마셔야 한다는 일상의 합리화가 쌓여 미래를 갉아먹습니다. 남들 눈을 즐겁게 하는 화려함보다 중요한 건 내 삶을 지키는 시스템입니다. 그리고 그 시스템의 핵심은 단순한 원칙 하나로 귀결됩니다.

"버는 것보다 많이 쓰지 마라."

부의 청사진을 바꿔야만 한다

버는 액수보다 적게 쓰고 저축하면 자산은 늘어납니다. 수입을 늘리고 현명하게 투자하고 과도한 소비를 줄이면 자산은 더 빨리 늘어나겠죠. 자본주의 사회에 살면서 이 원리를 모르는 사람은 거의 없을 겁니다. 그런데 생각보다 많은 이들이 이렇게 살기 어렵다고 합니다. 소득 자체가 여유롭지 않아 그보다 적게 쓰는 게 버겁다고 합니다. 그런데 이들의 이야기를 들어보면 공통점이 있습니다. 매년 해외여행을 갑니다. 한정판 신발과 명품 가방, 옷도 계절마다 몇 벌씩 삽니다. 해외여행 가고 명품을 사들이면서 결국 카드값을 걱정하는 상황이 반복되죠. 누가 이렇게 살라고 강요하기라도 했을까요?

> 지금까지 살아오면서 당신 머리에 누군가 권총을 들이대고, 어떤 집에서 살고 어떤 차를 몰아야 되고, 어떤 음식을 먹어야 한다고 명령한 사람이 있었는가? 없다. 그냥 오늘의 당신의 모습은 당신이 선택한 것이다. ―223쪽

하브 에커는 우리 삶에 그런 권총을 겨눈 이는 없다고 말했습니다. 하지만 사실은 있습니다. 바로 '잠재의식'입니다. 잠재의식의 초기 세팅은 우리가 기억하지 못하는 어린 시절에 만들어졌습니다.

하브 에커가 당장 바꿔야 한다고 강조한 '부의 청사진' 역시 잠재의식 속에 자리 잡고 있습니다. 부부 사이에도 이 청사진이 다르면 매일 다툽니다. 예를 들어 아내는 투자를 적극적으로 해야

한다고 주장하는데, 남편은 위험하다며 막는 경우가 그렇습니다. "지금 집을 사야 한다"와 "더 떨어질 때까지 기다려야 한다"는 문제로 몇 년을 다투기도 하죠. 투자관이 다른 이유는 결국 부의 청사진이 다르기 때문입니다.

그렇다면 우리는 언제 이런 청사진을 갖게 되었을까요? 대개는 어렸을 때 부모님이 가졌던 부의 청사진을 스펀지처럼 흡수합니다. 그래서 우리가 잠재의식 속 부의 청사진을 바꿔야 하는 이유는 명확합니다. 그것은 스스로 원해서 만든 것이 아니니까요.

겉으로는 "나는 부자가 되고 싶다"라고 말하면서도, 막상 투자 앞에 서면 '이거 좀 위험하지 않을까?', '돈은 쉽게 벌면 안 된다던데' 같은 생각들이 끊임없이 올라오나요? 아주 오래전, 기억도 나지 않는 시절부터 스며든 '코딩된 명령어'에 여전히 지배당하고 있는 겁니다.

낡아빠진 부의 청사진을 바꾸는 방법은 단 하나입니다. 잠재의식을 바꾸는 것입니다. 잠재의식은 자동항법장치와 같아서 목적지가 바뀌지 않는 한 아무리 방향을 틀어도 다시 원래의 항로로 돌아옵니다. 열심히 살아도 늘 비슷한 삶으로 돌아오는 이유죠. 더 많이 벌수록 더 크게 써버리고, 저축할 돈을 남기지 않습니다. 심지어 빚까지 지는 악순환에 빠지기도 하죠. 잠재의식 속 부의 청사진을 바꿀 때 비로소 '내 삶의 주인'이 될 수 있습니다.

내가 설계한 부자의 미래를
현실로 만드는 법

부자가 될 수 있다고 믿는가

여러분은 스스로 부자가 될 수 있다고 확신하시나요? 아니면 어느 정도 경제적으로는 나아질 수 있겠지만 '부자'까지는 되지 못할 것이라고 생각하시나요? 부자가 되고 싶다고 말하면서 정작 이런 말을 자주 하진 않나요?

"제가 원래 숫자에 약해서요."

"세금이나 돈 관리 같은 건 복잡해서 생각하기도 싫어요."

"매달 카드값만 안 밀리면 되죠."

숫자를 멀리하고, 돈 관리를 외면하고, 카드값만 벌면 된다는 마음을 가진 사람이 부자가 될 수 있을까요? 부자가 되려면 당연히 '부자의 생각'을 먼저 가져야 합니다. 경제적으로 인생을 바꾸려면 무엇보다 자신의 순자산이 얼마인지부터 정확히 알아야 합니다.

하브 에커도 바로 이 점을 강조했죠.

"당신의 순자산을 잔돈 단위까지 정확히 파악하라. 이 연습이 경제적 인생을 바꾸는 첫걸음이다."

순자산을 정확히 파악하라

왜 순자산을 정확히 파악해야 할까요? 단순히 '얼마가 있는지 파악해야 한다'와 같은 단순한 이유 때문이 아닙니다. 내 삶이 어떤 구조로 굴러가고 있는지 정직하게 마주하기 위해서죠. 하지만 이렇게 중요한 일을 시도조차 하지 않는 사람이 많습니다.

"난 많은 돈은 원하진 않아. 부자는 내가 원하는 삶이 아니야."

스스로 이렇게 되뇌며 시도조차 하지 않는 이유는, 사실 마음 깊은 곳에서 이미 포기했기 때문이 아닐까요? 아파트 한 채는 주택담보대출이 대부분이고, 신용대출도 얹혀 있으며, 적금은 벌써 깨졌고, 남은 건 카드 할부뿐. 그러니 현실적으로는 부자가 될 수 없다고 단정 지어버리는 겁니다.

이럴 때일수록 여러분의 순자산을 천 원 단위까지 정확하게 계산해보길 권합니다. 그 결과를 받아들이는 건 쉽지 않을 겁니다.

생각보다 더 아프고 고통스러울 거예요. 종이에 부채를 뺀 순자산을 적는 그 순간, 자괴감이 밀려올 겁니다. 과거의 저 역시 그랬으니까요. 심지어 저는 심장이 '덜컥' 내려앉는 느낌이었습니다.

'내 자산이 고작 이 정도밖에 안 된다고?'

하지만 바로 그 순간, 그동안 내가 도대체 무엇에 가치를 두며 살아왔는지를 깨달을 수 있습니다. 그리고 그제야 구체적인 '삶의 목적'과 그것을 위한 '목표'를 제대로 세울 수 있었습니다. 이 과정을 정면으로 마주하지 않았다면, 제 삶은 달라지지 않았을 겁니다.

하브 에커는 순자산을 90일마다 점검하라고 조언합니다. 숫자는 정직합니다. 석 달마다 내 순자산이 변하는 것을 기록하고 눈으로 확인해보세요. 아무리 아프고 초라해 보여도 나의 현재를 인정하는 순간 길은 열립니다. 좋은 동네 아파트를 그저 멀리서 보며 "저런 데 사는 사람은 좋겠다"라고 자조하지 말고, 그 아파트의 가격표를 똑바로 보십시오. '저건 나랑 상관없는 세상'이라고 고개를 돌리는 순간, 그 세계에 들어갈 자격을 스스로 지워버리는 겁니다.

부자가 된 미래를 현실화하는 네 가지 방법

부의 척도는 근로소득이 아니라 순자산입니다. 내가 얼마를 벌든 상관없어요. 순자산이 없고 지출이 많으면 부자라고 할 수 없습니다. 하브 에커는 순자산을 계산하는 방법을 이렇게 정의합니다.

내가 소유한 모든 것의 금전적 가치, 즉 현금과 주식, 채권, 부동산, 사업체가 있을 경우에는 사업체의 현재 가치, 집이 있을 경우에는 그 집의 가치를 포함해서 소유한 재산의 가치를 모두 합산하고 거기서 부채를 뺀 금액이 순자산이다.

— 196쪽

순자산은 필요할 때 현금화할 수 있는 자산이므로, 그것이 곧 그 사람의 부를 가늠하는 척도라고 할 수 있습니다. 그렇다면 순자산을 어떻게 높일 수 있을까요? 단순하지만 강력한 네 가지 지렛대가 있습니다. 소득, 저축, 투자, 그리고 간소화입니다.

첫 번째, 소득을 점검해야 합니다.

소득은 자산의 연료입니다. 우리가 돈에 대해 고민할 때 대부분은 "더 벌어야겠다"라는 말부터 꺼냅니다. 분명, 소득은 부의 시작점이자 연료입니다. 하지만 많은 사람들은 소득 자체에만 집중한 나머지, 그 뒤의 흐름을 놓칩니다. 하브 에커는 "수입원을 늘려라"라는 말 대신 "소득의 질을 점검하라"고 강조합니다. 정기적으로 들어오는 수입인지, 나의 시간과 몸을 갈아 넣지 않아도 지속 가능한 구조인지, 내가 일을 멈췄을 때도 유지되는 수입인지 점검하라는 것입니다. 자기 시간과 에너지를 갈아 넣는 '근로소득'만으로는 부자가 되기 어렵습니다. 자고 있어도, 여행 중이어도, 일을 전혀 하지 않아도, 돈이 들어오는 구조를 만들어야 합니다. 예를 들면 임대 수익, 배당금, 사업 수익, 지적 재산권 같은 것들이죠. 이것이 없다면, 우리는 단지 고소득 노동자일 뿐입니다.

두 번째, 먼저 떼어놓는 습관을 들여 저축해야 합니다.

많이 버는 사람일수록 자신의 경제 규모가 커졌으니 당연히 많이 쓸 수밖에 없다는 착각에 빠지기 쉽습니다. 그러나 진짜 부자들은 소비가 아니라 저축을 중요하게 여깁니다. 한 달 수입에서 단 10퍼센트라도 꾸준히 '먼저' 떼어놓는 그 습관이 여러분의 미래를 바꿔줄 겁니다. 어떤 사람들은 저축을 '절약해서 남은 돈을 모으는 것'이라고 생각합니다. 하지만 부자들은 반대로 수익에서 일정액을 먼저 떼어놓고, 남은 돈으로 생활합니다. 이 단순한 순서의 차이가 삶 전체를 바꿉니다.

세 번째, 돈이 나 대신 일하게 하는 '투자'를 활용해야 합니다.

내가 돈을 일하게 하지 않으면, 돈이 평생 나를 일하게 합니다. 투자는 '돈이 나보다 더 부지런한 종업원이 될 수 있다'는 사실을 받아들이는 경험입니다. 내가 돈을 벌 수 있는 '유일한 사람'은 아님을 깨닫는 경험이죠. 나 대신 일해주는 자산, 나보다 더 부지런한 종업원으로서의 돈. 이 개념을 받아들이는 것입니다.

물론 모든 투자가 성공적일 수는 없습니다. 하지만 투자를 외면하면 실패할 기회조차 생기지 않습니다. 부자가 되는 문 앞에서 서성일 뿐 안으로는 들어가지도 못하는 셈이죠. 적은 금액이라도, 심지어 적금보다 낮은 수익률이라도, 꾸준히 경험하고 배워가며 자신의 투자 철학을 세워야 합니다.

네 번째, 우선순위의 힘을 발휘하는 '간소화'를 해야 합니다.

'간소화'라는 단어를 들으면 절약, 긴축, 혹은 금욕을 떠올리는 분도 있을 겁니다. 그러나 진정한 간소화란 우선순위에 충실한 삶입니다. 정말 중요한 것에 에너지를 집중하고, 나머지는 과감히 덜어내는 것이죠.

정보가 넘치고 욕망이 충돌하는 이 시대에 간소화는 부자의 필수 근육입니다. 간소화된 삶은 결정 피로를 줄여주고, 감정적 소비의 유혹에 빠지지 않게 합니다. 그렇게 확보된 시간과 집중력은 다시 투자 공부, 소득 증가, 삶의 질 향상으로 이어집니다. 떠밀리며 살아가는 게 아니라, 스스로 "내가 이걸 진짜 원하는가?"라는 질문을 던지는 것, 그리고 내가 설정한 방향으로 가는 것, 이것이 바로 진짜 부자로 가는 간소화 과정입니다.

현실을 직면해야 부의 설계도가 선명해진다

아무리 돈을 많이 벌고, 좋은 회사에 다닌다 해도, 정작 내가 원하는 삶이 무엇인지 잘 모른 채 살아가는 경우가 많습니다. '보이는 것'만으로 자신을 평가하면, 언젠가는 반드시 내면부터 뿌리째 흔들립니다. 명품으로 온몸을 두르고 고급차를 타고 다녀도 내 속이 비어 있다면, 스스로도 자신이 진짜 부자가 아님을 압니다. 이것이 바로 '부자의 외형'을 입은 '마음속 빈곤'이죠.

누군가는 "이게 현실이야"라고 합니다. 자신은 현실을 정확히 알고 있다고도 하죠. 그러나 '현실 인식'이라는 말을 오해하지 않았으면 합니다. 현실을 직시하라는 말은 차가운 절망에 익숙해지라는 뜻이 아닙니다. 오히려 정확하게 직면할수록, 인생의 설계도가 선명해집니다. 현재의 위치를 정확히 알아야, 앞으로 갈 방향이 분명해지니까요.

제가 직장인이던 시절, 회사 창밖으로 보이던 고급 아파트 단지는 늘 '남의 세상'이었습니다. 그 아파트의 시세가 얼마인지 검색조차 하지 않았습니다. 그걸 알아보는 것조차 마음이 불편했기 때문이죠. 하지만 부에 대한 생각이 달라지면서 제 행동도 변했습니다.

부동산 앱을 켜고 시세를 확인하며, 앞으로 살고 싶은 동네의 평균 가격을 조사하고 부지런히 발품을 팔며 임장을 다녔습니다.

두려움 속에서 외면할 때는 철옹성 같기만 했던 대장 아파트가 어느 순간, 현실 가능한 숫자로 다가왔습니다. '나와는 전혀 상관없는 세상'이라 여겼던 공간이, 생각보다 빠르게 제 삶 안으로 들어온 것이죠.

  이 변화의 배경에는 순자산을 늘려가려는 꾸준한 노력이 있었습니다. 만약 연봉만 바라보며 '저곳은 평생 내 집이 될 수 없어' 잘못된 믿음을 순순히 받아들였다면, 지금과는 전혀 다른 인생을 살고 있겠죠. 가끔은 실현될 수도 있었던 저의 또 다른 미래, 하와이 대저택이 아닌 직장인 이강욱의 미래를 떠올리기도 합니다. 그 삶 속에서도 저는 여전히 하루하루를 버텨내며 살아가고 있을 겁니다. 하지만 한 가지 확실하게 느껴지는 것이 있습니다. 바로, 그 세계 속의 저는 잘 웃지 않는다는 겁니다.

  오늘 하루, 여러분은 환하게 웃으며 살아내셨는지요?

부자는 쓰레기를 끌고 다니지 않는다

받는 데 서툰 마음부터 점검하라

"당신은 충분히 받을 자격이 있습니까?"

이 질문을 받았을 때, 고개를 끄덕이는 사람은 많지 않습니다. 표면적으로는 "그럼요, 저는 열심히 살았으니까요"라고 말하지만, 마음 깊은 곳에서는 '그 정도까진 아닌데' 하고 주춤하는 자신을 발견하죠. 우리는 왜 이렇게 받는 데 익숙하지 않을까요?

"주는 데만 익숙한 사람은 부자가 될 수 없다. 왜냐하면 받아야 줄 수 있기 때문이다."

하브 에커의 이 말은 단순히 돈에 대한 이야기가 아닙니다. 우리가 주고받는 것이 돈만은 아니기 때문이죠. 칭찬, 도움, 기회, 사랑, 인정도 포함됩니다. 한 번도 받아본 적 없는 사람은 남에게 건네는 법을 모릅니다. 받아본 사람이 줄 수 있습니다. "받아야 줄 수 있다"라는 말은 결코 추상적인 표현이 아닙니다. 현실적으로 작동하는 부의 원리입니다.

부의 크기는 받는 그릇에 달려 있다

"나는 항상 주는 사람이고, 받는 사람은 따로 있다."

이런 생각을 자주 하는 분들은 스스로 타인을 배려하는 이타적인 사람이라고 여길지도 모릅니다. 하지만 제 생각은 조금 다릅니다. 부자가 되는 걸 방해하는 생각에 불과하니까요. 이 점에 대해 하브 에커도 단호하게 말합니다.

"더 크게 받고 싶은가요? 그럼, 먼저 자신이 받을 수 있는 사람임을 인정하세요."

얼마나 큰 부를 받을 수 있는지는, 자신을 얼마나 가치 있는 사람으로 바라보느냐에 달려 있습니다. 받기만 하는 건 이기적인 행동이라고 느껴지나요? 받는 것보다 주는 것이 더 나은 행동이라고 여겨지나요? 덜 받고 덜 누리면서 자기를 희생하는 삶은 언뜻 고결해 보입니다. 그러나 사실은 마음속 깊이 자신을 부정하는 태도입니다.

"나는 더 많이 받지 않아도 괜찮아."

"나보다는 저 사람이 받을 자격이 있지."

이 말 속에는 '나는 그만한 가치가 없다'라는 생각이 숨어 있습니다. 받는 사람은 뻔뻔하고, 탐욕스럽고, 계산적일 거라는 생각도 오해입니다. 자신이 마땅히 받아야 하는 것조차 거부하는 건 미덕이 아니라 스스로 삶의 크기를 한정 짓는 일이죠. 진짜 부자들은 자신을 충분히 가치 있는 사람으로 여기고, 스스로 받을 만한 사람이라고 인정하며, 원하는 만큼 충분히 삶을 누릴 수 있다고 믿습니다.

받는 것도 연습이 필요합니다. 처음에는 어색하고 민망할 수 있습니다. 누군가 칭찬을 건네면 급히 말을 돌리거나, 도움을 받으면 마음이 불편해진다면, 그동안 받아본 경험이 별로 없다는 뜻입니다. 그러니 받는 게 낯설어도 이상할 게 없습니다. 익숙하지 않은 것에 불편함을 느끼는 건 당연하니까요.

"더 많이 벌고 싶은데, 자꾸 수입이 일정 수준 이상으로 오르지 않아요. 왜 그럴까요?"

누군가 이런 질문을 던졌을 때 하브 에커의 대답은 명료했습니다.

"당신 내면의 한계가 그 이상을 허락하지 않으니까요."

어떤 사람은 3천만 원이면 충분하다고 느끼고, 어떤 사람은 1억도 부족하다고 느낍니다. 이 차이는 실제 능력이 아니라, 자신을 얼마나 가치 있는 존재로 여기느냐에 따라 결정됩니다. 그러니 이제부터 이렇게 말해봅시다.

"나는 더 많이 받을 자격이 있다."

"나는 더 큰 무대를 살아갈 가치가 있다."

부는 받을 준비가 된 사람에게만 다가옵니다. 큰 그릇에 많은 양이 담기고, 작은 그릇에 적은 양이 담기죠. 여러분이 진심으로 '나는 받을 만한 사람이다'라고 믿는 순간, 세상은 그에 맞는 대우를 할 것입니다.

부자는 쓰레기를 끌고 다니지 않는다

부자가 되고 싶다면, 부자가 되는 길에 집중해야 합니다. 집중하는 것에는 힘이 실립니다. 그것이 바로 에너지의 법칙입니다. 부자들은 어디에 집중할까요? 문제에 집중할까요, 해결에 집중할까요? 당연히 후자입니다. 문제에만 집중하는 사람은 온갖 불평불만을 끌고 다닙니다. 버스가 늦게 오고, 상사의 말투가 마음에 걸리며, 날씨가 덥거나 추운 것도 문제로 느낍니다. 교통체증과 주문한 음료가 제때 나오지 않는 것 등 세상 모든 것과 싸우며 막대한 시간과 감정을 소모하죠. 이런 사람들에게 하브 에커는 말합니다.

> 불평은 부자가 되려는 여정에서 스스로에게 가하는 최악의 행위다. ― 85쪽

우리가 문제에 에너지를 집중하면, 인생은 문제 중심으로 돌아갑니다. 작용-반작용의 법칙과 같죠. 내가 벽을 10만큼 밀면, 벽도 나를 10만큼 밀어내니까요.

불평은 기본적으로 문제를 부정적으로 봅니다. 그것도 그냥 보는 게 아니고 매우 정성껏, 세심하게 문제만 바라봅니다. 그렇게 자세히 들여다보니 자연스럽게 문제가 확대됩니다. 그리고 혼란스러운 감정의 소용돌이로 점점 더 깊이 휩쓸려 갑니다. 하브 에커는 심지어 불평을 '쓰레기를 끌고 다니는 것'에 비유합니다. 오죽하면 "쓰레기를 끌고 다니는 사람은 부의 냄새가 아닌, 고통의 냄새만 풍긴다"라는 말을 했을까요.

너무 많은 사람들이 자주, 오랫동안 쓰레기를 어깨에 짊어지고 다니기 때문입니다. 오래된 상처, 과거의 원망, 오늘의 짜증까지 모든 불평불만이 마음의 창고에 쌓여 인생을 악취로 가득 채웁니다. 그런데 쓰레기를 내려놓는 일이 왜 이토록 어려울까요? 부정적인 감정들은 비워지는 속도보다 쌓이는 속도가 훨씬 더 빠르기 때문입니다.

저 역시 종종 불평의 쓰레기 더미에 빠질 때가 있습니다. 이유 없이 짜증이 나고, 기분이 가라앉는 날이 있죠. 그럴 때 제가 쓰는

방법이 하나 있습니다. 아주 작고 사소한 행동이지만, 긍정적인 에너지로 마음을 다시 채우는 데 '즉각적인' 도움이 됩니다. 동네 마트 지하 주차장에 흩어져 있는 쇼핑카트를 하나씩 모아 제자리에 놓는 것입니다. 너무 간단해서 30초도 채 걸리지 않아요. 그런데 이 작은 행동을 하고 나면 기분이 '그 즉시' 좋아집니다. 엄청난 큰 기쁨은 아니지만, 내면의 에너지가 마이너스에서 플러스로, 마치 스위치를 누른 것처럼 순식간에 전환되는 느낌이 듭니다.

남들이 버린 행운까지 내 것으로 만들자

미국 메이저리그에서 맹활약 중인 오타니 쇼헤이 선수가 운동장에서 매번 쓰레기를 줍는 것도 이것과 비슷한 행동인 듯합니다. 이타적인 행동처럼 보이지만, 사실은 이기적인 행동입니다. 그도 이런 사실을 잘 알고 있어요. 쓰레기를 줍는 게 '남들이 버린 행운을 줍는 일'이라고 했으니까요.

불평은 삶의 주파수를 가난으로 바꿔버립니다. 하루에 불평 세 마디만 해도 일 년이면 천 마디가 넘습니다. 천 번 넘게 이런 말을 반복하는 건 인생을 쓰레기로 가득 채우는 것과 같죠. 이런 말들은 남에게 하는 말 같지만, 결국 자신에게 하는 말입니다.

"돈이 부족하다."

"시간이 부족하다."

이 말들은 곧 현실로 나타납니다. 생각은 말이 되고, 말은 행동이 되고, 행동은 습관이 되며, 습관은 경제적 현실이 됩니다. 이제 질문을 바꿔야 합니다.

"나는 오늘 무엇에 집중할 것인가?"

불평할 일은 언제나 넘쳐납니다. 하지만 그 안에서 나를 더 크고 단단하게 만드는 선택은 불평이 아니라 '정리'입니다. 말을 정리하고, 감정을 정리하고, 쓰레기를 치우는 것처럼 내 하루를 정리하는 겁니다. 아주 작은 일이라도 좋습니다. 흩어진 카트를 제자리에 놓거나, 엘리베이터에서 누군가를 기다려주고, 말끝에 '감사합니다'를 붙이는 소소한 행동 하나하나가 내 삶의 방향을 조금씩 돌려놓을 테니까요.

불평은 쓰레기입니다. 우리가 양손으로 그것을 계속 붙잡고 있는 한, 우리는 절대 부와 행운을 잡을 수 없습니다. 진정 부자의 길로 나아가고 싶다면, 여러분의 말, 감정, 행동에서 쓰레기를 걷어내야 합니다. 불평이 익숙한 사람이 되지 않아야 합니다. 대신, 나의 하루를 더 나은 방향으로 조율하는 사람이 되어야 합니다. 여러분의 에너지는 소중합니다. 그 소중한 힘을, 결코 쓰레기에 낭비하지 마세요.

현재의 자리가 낮을 뿐, 내 가치가 낮은 것은 아니다

어릴 적, 제가 다니던 아파트 상가 미용실에는 여자 원장님이 계셨습니다. 어느 날, 납품하러 온 듯한 남자 사장님이 제 옆을 지나가다 말씀하셨죠.

"아, 이 녀석 똘똘하게 생겼네."

그 말에 원장님도 거들며 덕담을 보탰습니다.

"그렇죠? 나중에 크게 한자리하겠어요."

어린 저는 어리둥절하면서도 괜히 뿌듯했던 기억이 납니다. 그 장면이 오래도록 기억에 남은 건, 그 짧은 순간 제 존재에 무언가 '가치'가 부여된 느낌 때문이었을 겁니다. 하지만 직장인이 된 후, 문득 그 기억을 떠올리며 이렇게 생각했습니다.

"그때 그 어른들은 내가 잘될 거라고 했는데, 결국 나는 평범한 직장인으로 살아가고 있네. 나는 그다지 특별한 사람이 아니었나 보다."

여러분도 인생의 어느 지점에서, 저와 같은 생각을 해본 적 있나요? 남들과 다른 무언가 있을 거라 믿었지만, 지금의 자신에게 실망하고 스스로의 가치를 낮게 평가한 순간 말입니다. 이는 가장 중요한 사실을 잊었기 때문입니다. '내 가치는 오직 내가 정한다'라는 사실을요. 남이 뭐라고 하든, 나 자신이 스스로 붙인 라벨이 내 가치를 결정합니다.

"나는 충분히 가치 있다"라고 말하면 그 자격을 갖춘 사람이 될 수밖에 없는 방향으로 생각이 흐릅니다. 그렇게 시간이 지나면 정말 그 가치에 부합하는 사람이 되는 겁니다. 반대로 "나는 별거 아니다"라고 말하면, 실제로 별거 아닌 삶을 살아가게 되지요. 하브 에커는 다람쥐를 예로 듭니다.

그는 말하죠.

"나는 도토리 모으는 능력이 떨어지니까 이번 겨울엔 도토리를 많이 못 모을 거야……"

이런 걱정을 하는 다람쥐는 실제로 없습니다(164쪽 내용 참조).

지능이 낮은 동물들은 자신에게 그렇게 무례하지 않습니다. 오직 인간만이 스스로를 깎아내립니다. 가장 지능이 높다고 자부하는 존재일수록, 스스로를 가장 잔인하게 제한하는 법이니까요.

그는 또 이렇게 말합니다.

"떡갈나무는 최대 30미터까지 자랄 수 있다. 하지만 만약 떡갈나무에 인간의 마음이 들어 있다면, '30미터까지 자랄 수 있어도 3미터면 충분하지 않나' 하고 스스로를 제한할 것이다."(165쪽 내용 참조)

결국 한계는 외부가 아니라 내면에 있습니다. 가난도, 실패도, 부족함도 타인의 판단이 아니라 자신을 대하는 태도에서 시작되는 것이죠.

"여러분은 지금 자신을 어떻게 대하고 있나요?"

이 질문에 답하려면 먼저 두 가지를 점검해야 합니다.

첫 번째, '내가 누구와 함께 있는가'입니다.

나 자신은 내가 가깝게 지내는 사람들의 평균값입니다. 말투, 생각, 생활 습관, 소비 습관, 돈에 대한 태도, 그리고 자기 인식까지 우리는 모두 주변에서 배웁니다. 어떤 사람과 자주 어울리느냐가 내 인생의 기울기를 결정짓는 것이죠. 그래서 제가 늘 강조하는 것이 '책을 내 주변 사람으로 만드는 것'입니다. 당장 내 주변에 부자 마인드를 가진 멘토가 없더라도, 책 속 저자는 내가 원하기만 한다면 언제든 만날 수 있으니까요. 아무런 의미도 없는 농담들, 불경기라 너무 힘들다는 하소연, 사내 정치의 비하인드 스토리, 회사와 회사에 몸담은 누군가에 대한 뒷담화. 혹시 여러분 주변 사람들은 여러분에게 매일 이런 말들만 해주고 있지는 않나요? 그 사람들은 여러분에게 쓰레기를 계속 던지고 있는 셈입니다. 반면, 책 속 저자들은 쓰레기 대신 완전히 새로운 세상의 입장권을 건넬 겁니다.

두 번째, '내가 처한 환경'을 점검해야 합니다.

이건 바꾸기 쉽지 않습니다. 사는 동네, 가정의 분위기, 경제 상황 같은 것은 하루아침에 뒤바뀌지 않으니까요. 환경을 당장 바꾸기는 어렵지만, 나의 인식을 바꾸는 일은 할 수 있습니다. 지금 내가 놓여 있는 환경이 곧 나의 '현 위치'임을 자각해야 합니다. 그것을 알아야만 다음 방향을 명확히 잡을 수 있습니다. 하지만 현재 내 자리가 낮다고 해서, 자신까지 낮추지는 마십시오. 지금 앉아 있는 자리를 자신과 동일시하지 마세요. 지금 그 자리에 평생 앉아 있지 않을 거라면 말이죠.

부자처럼 생각하고, 부자처럼 행동하라

레벨이 올라가면 강해지는 건 당연하다

어릴 적 제가 즐겨 하던 게임 중 하나는 '슈퍼마리오'였습니다. 1탄에서는 작은 버섯 몬스터가 느릿느릿 걸어옵니다. 한 번 점프하면 쉽게 넘어갈 수 있는 상대죠. 하지만 2탄, 3탄, 4탄으로 갈수록 상황은 달라집니다. 날아다니는 거북이가 등장하고, 벽을 타고 오르내리는 적들, 심지어는 함정을 피해야 하는 구간까지 나옵니다. 점점 힘든 적을 만날 때마다 저는 이렇게 생각하곤 했습니다.

"오, 나 너무 잘하고 있는데? 천재 아냐?"

슈퍼마리오를 해본 분들이라면 이해하실 거예요. 강한 적들이 등장하는 스테이지를 통과하면 그 자체로 신나고 즐겁습니다.

"왜 적들이 점점 강해지지?"라고 억울해하지는 않죠. 하지만 현실에서는 어떤가요? 힘든 일을 만나면 좌절합니다.

"왜 갈수록 더 힘들지?"

"이제는 좀 편해질 때가 되었는데, 나는 아직도 왜 이 모양이지?"

하지만 더 큰 문제를 만났다는 건 그만큼 내가 성장했다는 뜻입니다. 힘을 키울수록, 더 넓은 무대로 나아갈수록, 그에 맞는 난이도의 적이 기다리고 있습니다. 그 적은 나를 따라온 것이 아니라, 원래 거기에 있던 존재입니다. 내가 성장했기에 드디어 만나게 된 거죠. 애초에 여기까지 오지 못했다면 대면조차 하지 못했을 겁니다.

문제는 나를 따라오지 않는다

내가 문제를 따라가지 않듯, 문제도 나를 따라오지 않습니다. 문제가 있는 길을 내가 지나갈 뿐이고, 그것을 해결할 방법은 나의 선택에 달려 있습니다. 어떤 문제는 쉽게 해결되지만, 어떤 문제는 다소 까다롭고, 또 어떤 문제는 오랫동안 발목을 잡고 늘어집니다.

하브 에커는 말합니다.

> 당신 삶에 커다란 문제가 있다면, 그건 당신이 아직 그 문제를 다룰 만큼 큰 사람이 아니라는 뜻이다.
>
> ― 156쪽

가혹하게 들릴 수도 있습니다. 마치 '내가 약해서 문제에 당한다'라는 이야기 같기 때문입니다. 그러나 이 말은 나의 약함을 탓하라는 뜻이 아니라, 나의 가능성을 보라는 이야기입니다. 레벨이 올라가면, 문제는 더 이상 문제가 아니게 된다는 의미죠.

초등학생일 때 어려웠던 수학 문제도 중학생이 되면 쉽게 풉니다. 문제 자체가 바뀐 게 아니라, 실력이 달라진 것이죠. 인생도 같습니다. 레벨이 올라가면 그에 맞는 시험이 나옵니다. 이런 인식이 있으면 위기의 순간조차 다르게 보입니다. 지금 힘든 일을 겪고 있다면 인생이 끝난 게 아니라 레벨 업이 시작된다는 징후입니다. 인생 최악의 사건이 인생 최고의 전환점이 되는 것이죠.

문제에 압도당하기보다 나 자신을 키워야 합니다. 처음엔 거대한 벽처럼 보였던 일들이 내가 성장하면 밀어낼 수 있는 바위가 됩니다. 그리고 결국 그 바위는 발로 툭 차 버릴 수 있는 '별거 아닌' 돌멩이처럼 느껴질 겁니다. 그러니 인생이 우리에게 어려운 문제를 던져줄 때마다 이렇게 생각하세요.

"이건 원래 5탄에 있던 거고, 내가 드디어 4탄에서 5탄까지 온 거구나."

문제는 삶의 일부이고, 성장의 신호입니다. 문제 앞에서 물러서지 마세요. 정면으로 통과하십시오. 5탄을 깨고 나면 더 신나고 흥미로운 6탄이 기다리고 있으니까요. 그리고 그 과정에서 부는 더 커진 여러분에게 걸맞은 수준으로 자연스레 따라옵니다.

한 병의 값은 '장소'에 따라 달라진다

편의점에서 파는 생수 한 병은 천 원입니다. 하지만 같은 생수가 호텔에서는 5천 원이 넘기도 하죠. 물은 똑같은데, 왜 가격이 달라질까요? 바로 '어디에 놓여 있는가'에 따라 가치가 달라지기 때문입니다. 그렇다면 질문을 바꿔볼게요.

"지금 당신은 어디에 놓여 있습니까?"

더 구체적으로 말하자면, 나를 누구의 손에, 어떤 환경에, 어떤 태도에 맡기고 살아가고 있습니까? 완전히 똑같은 생수병이라도 어디에 놓이느냐에 따라 가치가 달라진다는 건 단순히 물 가격 이야기가 아닙니다. 우리 인생에도 똑같이 적용됩니다. 내가 어떤 사람과 함께하고, 어떤 일을 하며, 어떤 장소에 있느냐에 따라 내 인생의 가치가 다르게 매겨집니다.

사람은 자신이 속한 환경의 평균을 살아갑니다. 주변에 부정적인 말만 던지는 사람과 함께 있으면, 나도 어느새 "안 돼, 그걸 내가 어떻게 해, 다 그렇게 사는 거지"라는 말버릇을 따라 하게 됩니다. 주변에 "당연히 할 수 있지", "네가 해냈으니 나도 할 수 있을 것 같아"라고 말하는 사람들과 함께하면, 이런 말들이 바로 잠재의식의 '코딩 언어'가 됩니다. 그리고 잠재의식은 코딩된 내용에 부합하는 내 안의 가능성을 가동하기 시작하죠.

어떤 사람들은 자신이 어디에 있는지 확인조차 하지 않습니다. 마치 자동차를 타고 어딘가로 가고 있지만 창밖을 보기는커녕 "어쨌든 열심히 가고 있으니까" 하는 식으로 인생을 흘려보내고 있는 거죠. 다르게 살고 싶다면 내 위치를 바꿔야 합니다.

첫 번째 방법은 내 주변 사람들을 바꾸는 것입니다. 하브 에커도 "당신 주변 사람을 보면 당신의 미래를 알 수 있다"라고 했습니다. 주변 사람들의 가치관, 소비 습관, 시간 관리 방식, 말투, 태도는 고스란히 나의 잠재의식에 영향을 미치고 결국은 나도 그들을 닮아갑니다.

여기서 말하는 '사람'은 실제로 옆에 있는 사람만을 뜻하지 않습니다. 책의 저자, 오디오북, 유튜버, 팟캐스트 진행자, 심지어 알고리즘이 추천하는 SNS 피드까지도 나의 주변 환경이 될 수 있습니다. 직장인이던 시절, 주변에는 부자가 되고 싶다는 말을 자주 하는 사람은 많았지만, 정작 부자였던 사람은 제 옆에 한 명도 없었습니다. 다들 돈을 진지하게 생각하며 공부하지도 않았고,

그저 "그래도 언젠가는 돈이 좀 모이지 않을까?"라고 막연하게 여겼죠. 그러다 돈 공부를 시작한 저는 이런 질문을 던졌습니다.

"나는 지금 누구와 함께 살아가고 있는가?"

솔직히 말하면, 주변에 닮고 싶은 모델이 없었습니다. 그래서 저는 책으로 사람을 바꿨습니다. 하브 에커, 나폴레온 힐, 밥 프록터, 제임스 알렌, 데일 카네기, 토니 로빈스, 로버트 기요사키, 브라이언 트레이시…….

이 저자들을 제 주변 사람으로 삼고 그들의 언어를 잠재의식에 코딩했습니다.

두 번째 방법은 나 자신이 스스로를 어디에 놓고 있는지 돌아보는 것입니다. 여러분은 스스로를 '할 수 있는 사람'으로 보고 있나요? 아니면 '내가 할 수 있는 건 이 정도'라며 저평가하고 있나요? 하브 에커는 이렇게 강조합니다.

"당신의 인생은 지금 이 순간 당신이 어떤 태도로 자신을 바라보는가에 달려 있다. 자신을 백만장자처럼 다루면, 그에 걸맞은 결과가 따라온다."(164쪽 내용 참조)

즉, 우리 인생은 우리가 스스로를 어떤 태도로 바라보는가에 달려 있다는 의미입니다. 지금까지 내가 겪은 실패, 좌절, 오해, 불이익은 내가 '능력이 없어서'가 아니라 나 스스로 '그 위치'에 두었기 때문일지도 모릅니다. 우리는 종종 "저 사람은 재능을 타고났다, 정말", "나는 뭐 특별히 잘하는 게 없어"라고 말합니다. 그러나 비슷한 능력이라도 어떤 사람은 그것을 무기로 만들고, 어떤 사람은 핑계로 만들죠. 자신이 스스로에게 붙인 가격표가 '내 인생의 값'을 결정하는 셈입니다.

당신이 지금 '호텔'이 아니라 '편의점'에 놓여 있다고 느껴진다면, 스스로에게 물어보세요.

"나는 정말 편의점에 어울리는 사람인가?"

"호텔의 생수처럼, 내 위치를 바꿀 수 있지 않을까?"

주변 사람을 바꾸고, 책을 바꾸고, 스스로를 보는 눈을 바꿔야 합니다. 위치가 가치를 만들고, 가치는 곧 인생의 방향을 바꿉니다. 나의 가치는, 내가 정할 수 있습니다. 단지 내가 나를 조금만 더 좋은 환경, 더 나은 관계, 더 단단한 태도 위에 올려놓기만 한다면 말입니다. 그 누구도, 나의 '진짜 값'은 깎을 수 없습니다.

부자는 문제보다 더 큰 사람이다

비가 많이 내리던 날이었습니다. 공항에서 비행기를 타고 이륙했는데, 구름 위에는 너무나 밝은 빛이 비치고 있었어요. 비가 그친 게 아니라 제가 더 높은 곳으로 올라왔던 겁니다. 인생의 문제도 비슷합니다. 우리는 '문제를 없애야 한다'라고 생각하지만 문제는 없어지지 않습니다. 우리가 문제 위로 올라가면 됩니다.

> 부자들은 문제보다 크다. 가난한 사람들은 문제보다 작다. — 154쪽

하브 에커의 이 말은 무슨 뜻일까요? 부자들은 문제가 생기지 않는다는 뜻일까요? 그럴 리가 없습니다. 문제와 비교해 '나'라는 사람이 문제보다 큰 사람인지 작은 사람인지를 판단하라는 것입니다. 저는 한때 제 인생이 망했다고 생각했습니다. 토지 분양 사기를 당하고, 가진 것을 다 잃고, 자존감마저 무너졌습니다. 정말 하루하루를 견디는 게 힘들었습니다. 시간이 지나고 나서야 알았죠. 그때의 나는 그 문제를 상대하기엔 너무 작은 사람이었다는 걸 말이죠.

문제를 바꿀 수 없다면 나 자신이 더 커지는 수밖에 없습니다. 작은 컵에 물을 따르면 금세 넘치지만 더 큰 컵이라면 같은 양의 물도 충분히 담아낼 수 있습니다. 부자처럼 생각한다는 것은 '문제로 삶을 판단하지 않고 문제보다 나를 더 크게 만드는 방향으로 시선을 돌린다'는 뜻입니다. 하브 에커도 반복해서 이렇게 말합니다.

"내가 성장하면, 문제는 더 이상 문제가 되지 않는다."(159쪽 내용 참조)

이는, 내가 성장하면, 문제는 더 이상 문제가 되지 않는다는 뜻입니다. 문제는 삶의 일부이자 성장의 시그널입니다. 지금 여러분이 힘들어하는 문제는 무엇인가요? 문제를 피하려 애쓰고 있나요? 스스로를 자책하고 있나요? 왜 나에게만 유독 이런 일이 생기는지 그 이유를 밖에서만 찾고 있나요? 저도 경험했기에 그 마음을 잘 압니다. 하지만 우리는 자신에게 이렇게 물어야 합니다.

"이 문제 앞에서, 나는 얼마나 레벨 업할 것인가?"

비는 언제든 내립니다. 내리는 비를 멈추긴 어렵죠. 하지만 비구름 위로 올라가면 비를 맞지 않습니다. 시선을 높이고, 나를 키우는 것. 그것이 문제를 해결하는 유일한 방법입니다.

"문제의 크기를 보지 말고, 당신의 크기를 키워라."

지금 겪는 고통도, 마주하는 시련도, 사실은 여러분이 '더 큰 사람'이 되기 위한 필수 과정입니다. 이 사실을 기꺼이 받아들이는 순간, 부자처럼 생각하고 부자처럼 행동하는 길이 열립니다.

가장 중요한 일에
가장 많은 에너지를 써라

하루의 에너지는 어디에 쓰였나

오늘 하루, 여러분은 어떤 일에 가장 많은 에너지를 쏟으셨나요? 가장 중요하다고 여기는 일에 집중하셨나요? 아니면 '언젠가는 하겠지'라고 미룬 채 덜 중요한 일로 하루를 채우셨나요?

한 블로거의 이야기를 들은 적이 있습니다. 이분은 블로그 키우는 것을 인생의 1순위로 삼겠다고 다짐했지만, 시간이 지나 돌아보니 실제로 블로그에 들이는 시간과 노력은 그다지 '최우선'처럼 보이지 않았다고 합니다. 블로그를 제대로 키워보겠다는 말만 했을 뿐, 실제로는 마치 '취미'처럼 운영하고 있었던 거죠.

반면, 그분의 한 지인은 하루에 일곱 개 포스팅을 올립니다. 직장도 다니고, 가족도 돌보면서 비가 오나 눈이 오나 '1일 7포스팅'을 지킵니다. 그 정도 집중력과 결단력이 있다면 블로그는 당연히 성장합니다. 블로그를 단순한 취미가 아니라 '삶의 1순위'로 대하고 있으니까요.

80만큼 중요한 일에 20만큼 에너지를 쓴다면, 부자가 되기는 어렵습니다. 진짜 중요한 일, 나만의 북극성에 100을 쏟아야죠. 그게 시간이어도 좋고, 돈이어도 좋고, 정신력이어도 좋습니다. 핵심은 '집중력'입니다.

"오늘, 나는 나만의 북극성을 따라 살았나?"

"이번 달, 나는 나만의 북극성을 따라 살았나?"

"올 한 해, 나는 나만의 북극성을 따라 살았나?"

이 질문에 "그렇다"라고 대답할 수 있다면, 정말 의미 있는 시간을 보낸 겁니다. 좋은 일도, 힘든 일도, 모두 '북극성'이라는 나침반 아래 일어난 필연이었을 테니까요. 하지만 무언가에 휘둘리며 벌어지는 상황에 대응만 하며 살았다면, 시간을 그저 흘려보낸 겁니다.

"올해는 내가 살고 싶었던 삶을 선택하고 집중해서 살아낸, 잊지 못할 한 해였다."

이 한마디를 남기기 위해 지금, 단 하나의 우선순위를 정하고 나의 100퍼센트를 걸어보시길 바랍니다. 살면서 평생에 단 한 번이라도, 그렇게 해보는 것이 필요하지 않을까요?

현실을 넘어서, 믿는 방향으로 행동하라

삶에서 방향을 잃고 헤맬 때, 우리는 흔히 외부에서 조언을 찾습니다. 책을 읽고, 강의를 듣고, 누군가의 성공기를 따라가죠. 하지만 진정으로 인생을 바꾸는 질문은 늘 우리 안에 있습니다. 가장 먼저 던져야 하는 질문은 바로 이것입니다.

"나는 나와 대화해본 적이 있는가?"

이 질문은 단순히 일기를 써본 경험을 묻는 게 아닙니다. 내 생각, 내 욕망, 한계와 마주한 적이 있는지를 확인하는 질문이죠.

"나는 무엇을 바라는가?"

"나는 지금 이 삶에 만족하는가?"

"내가 진짜 원하는 건 무엇이지?"

질문을 던지고 내 생각을 단 한 줄이라도 써보는 것. 이것이 '나와의 대화'를 시작하는 첫걸음입니다. 자신과 대화를 나눈 사람만이 다음 단계로 나아갈 수 있습니다.

두 번째는 '셀프 한계선'을 마주 보는 것입니다. 보기 싫어서 외면한 것, 질투심에 사로잡혀 비웃던 대상, '저건 나랑 상관없어'라고 밀어냈던 모든 장면이 나의 한계를 비추는 거울이 될 수 있습니다. 예를 들어, 부동산 임장을 다니며 "저긴 비싸서 싫다"고 말하며 외면한 적 있나요? 사실 마음속으로는 '저기 살고 싶다'라고 느꼈을지도 모릅니다.

세 번째는 '이미 된 것처럼 살아보기'입니다. 원하는 삶이 있다면, 지금 당장, 그 삶의 틀 안으로 들어가는 겁니다. 론다 번(Rhonda Byrne)의 《시크릿》(김우열 옮김, 살림Biz, 2012)에 나오는 존 아사라프의 이야기처럼, 한 여성이 간절하게 결혼하고 싶다고 했습니다. 그녀의 이야기를 충분히 들은 마이크 둘리는 "당신은 결혼하고 싶다고 말하지만, 실제로는 전혀 그렇게 살고 있지 않네요"라고 말합니다.

마이크 둘리와 대화를 나눈 후 그녀는 집에 돌아가서 자신이 어떻게 살고 있는지를 봤습니다. 1인용 싱글 침대에 옷장에는 옷들이 꽉 차 있고 주차장 한가운데에 자신의 차를 세워놓고 있었죠. 배우자를 위한 그 어떤 공간도 없었던 겁니다. 그날 그녀는 당장 옷장의 절반을 비웠고, 침대를 더블로 바꾸며 침구도 세트로 준비했습니다. 주차장에는 차 두 대를 세울 수 있도록 자신의 차를 한쪽에 댔고요. 이미 결혼한 것처럼 행동한 겁니다. 그리고 실제로 얼마 되지 않아 좋은 분을 만나 결혼했습니다(《시크릿》, 141~142쪽 내용 참조).

네 번째는 '나에게 이로운 신념을 선택하기'입니다. 우리는 평생 둘 중 하나를 믿으며 살아갑니다. '된다/ 안 된다', '가능하다/ 불가능하다', '나도 할 수 있다/ 나는 할 수 없다' 중에서 선택하죠. 어차피 믿음은 공짜입니다. 그렇다면 왜 자신에게 유익한 신념을 선택하지 않나요? '나는 된다'를 믿는 사람에게 세상은 다른 프레임으로 보이기 시작합니다. 불황이 계속된다는 뉴스를 보며 "위로 올라가는 사다리가 끊겼구나"라고 좌절할 수도 있고, "오히려 이럴 때 기회를 잡을 수 있어"라고 다짐할 수도 있습니다.

부자가 되지 못한 이유는 돈이 없어서가 아니라, 내 안에 부자의 자리를 만들어두지 않았기 때문입니다. 신념은 행동을 만들고, 행동은 습관을 만들고, 습관은 삶을 만듭니다. 행동보다 핑계를 찾고, 부자의 마인드를 배우기보다 부자를 탓하며, 나를 들여다보는 시간을 갖기보다 외부의 평가와 비판에 흔들린다면, 부자가 되기 어렵겠죠. 그러니 오늘, 스스로에게 물어보세요.

"나는 내가 정말 원하는 삶을 살 준비를 했었는가?"

이 일을 할 사람은 오직 나 자신이다

"왕처럼 생각하라."

나폴레온 힐(Napoleon Hill)의 말입니다. 예전에는 이 말이 너무 거창하게 느껴졌죠. '왕이라니, 내가 무슨?' 이렇게 생각했습니다. 하지만 지금은 압니다. 이 말은 결국 '내가 생각하는 대로 된다'라는 뜻이라는 것을요. 과장인 것 같으신가요? 그런데 정말입니다. 다만 대부분의 사람들은 원하는 삶에 대해 제대로 생각하지 않기 때문에 저 말이 과장된 것처럼 느껴질 뿐입니다. 원하는 삶을 사는 데 누군가의 허락을 기다릴 필요는 없습니다. 내가 나에게 허락하면 충분합니다. 이 기세가 아주 중요합니다.

"그 사람은 기세가 있어."

이 표현은 결코 수사적인 말이 아닙니다. 그 사람의 에너지가 살아 있고, 세상과 공명하고 있다는 뜻이죠. 기세가 있는 사람은 완벽한 타이밍이 올 때까지 기다리지 않습니다. 완벽한 타이밍이라는 것은 사실 존재하지 않는다는 걸 직감적으로 알고 있으니까요. 대신 한 발 앞서 나가면서 스스로 타이밍을 만들어냅니다. 파레토의 법칙에 따르면 세상의 일은 8 대 2의 법칙으로 이루어집니다. 80퍼센트 정도에서 시작하고, 남은 20퍼센트는 행동하면서 채워나가는 것. 그 20퍼센트를 채워나가는 과정에서 개인은 성장하고, 사회는 발전합니다. 그리고 이 과정은 무한히 반복됩니다.

긍정적인 기세와 믿음을 가진다고 모두 부자가 되는 건 아닙니다. 그러나 그런 마음 없이 부자가 된 사람은 없습니다. 왕처럼 생각하세요. 작은 문제에 마음을 쪼개지 말고, 자신의 주파수를 높이십시오. 처음에는 별다른 반응도, 변화도 없는 것처럼 느껴질 겁니다. 하지만 어느 순간, 높아진 나의 주파수에 맞는 상황과 기회가 하나둘 나타나기 시작할 것입니다.

[하와이 대저택이 제안하는 북극성 루틴]

아침(시작 전, 10분)

- 오늘 내가 가장 집중해야 할 1순위(북극성) 적기
- "오늘, 나는 나만의 북극성을 따라 살겠는가?"를 스스로에게 묻기

낮(실행 중, 틈틈이 5분)

- "지금 하는 일이 정말 내 우선순위와 맞는가?" 체크하기
- 80이나 되는 중요한 일에 20만큼 에너지를 쓰고 있지 않은지 점검하기
- '이미 된 것처럼 행동하기': (예) 원하는 모습에 맞게 책상/ 환경 정리하기

저녁(정리, 15분)

- "오늘 하루 가장 많은 에너지를 쏟은 일은 무엇인가?" 기록하기
- 나와 대화하기: "나는 오늘 무엇을 바랐는가? 무엇이 아쉬웠는가?"
- 오늘 부정적 신념 대신 선택한 긍정적 신념 한 가지 기록하기
- "나는 내가 정말 원하는 삶을 살 준비를 했는가?"를 스스로에게 묻기

성찰의 대화

"시작이 반이다"라는 말은 단순한 격언처럼 들리지만, 깊은 뿌리를 가진 표현입니다. 고대 그리스 철학자 아리스토텔레스는 그의 아들 니코마코스의 이름을 딴 저서 《니코마코스 윤리학》에서 이렇게 말했습니다.

"시작은 전체의 절반 이상으로 보인다(The beginning is thought to be more than half of the whole)."

이 통찰은 기원전 4세기부터 오늘날까지 이어져 내려오며, 어떤 일을 성취하는 데 '시작'이 얼마나 중요한지를 상기시켜 줍니다.

지금 우리는 21세기를 살아가고 있습니다. 기술은 비약적으로 발전했고, 인공지능과 대화를 나누는 시대를 맞이했지만 여전히 "시작이 반이다"라는 말에 용기를 얻습니다. 저 역시 스스로에게 되뇌곤 합니다.

"생각은 내가 가진 가장 위대한 자산이지만, 시작하지 않으면 아무 일도 일어나지 않는다."

돈이든 인생이든, 모든 변화는 '시작하는 사람'의 것입니다. 많은 사람들이 부자가 되기를 원하지만, 막상 자신의 순자산을 파악하기 위해 수지총괄표를 작성하는 단계부터 주저합니다. 사실 수지총괄표는 이름만 그럴듯하지 수입과 지출을 날짜순으로 기록하는 것입니다. '가계부'의 세련된 표현 정도에 불과하죠. 누군가는 부자가 되고 싶다고 말하면서도, 매일 아침 10분 일찍 일어나 자신의 돈을 들여다보는 일은 하지 않습니다. 바로 이 차이가 시작을 하는 사람과 미루는 사람을 가르는 겁니다.

그런 의미에서 하브 에커의 메시지는 단순하지만, 그 힘은 강력합니다. 내 머릿속에 각인된 돈과 삶에 대한 낡은 스케치를 버리고 부의 청사진을 바꾸라는 것이니까요.

시작이 반입니다. 그 반은 어느 날 갑자기 얻어지는 게 아니라, 오늘 내가 한 선택에 따라 결정됩니다. 책상 위에 올려진 책 한 권을 펴는 것, 지금까지의 소비 패턴을 돌아보는 것, 나에게 진짜 필요한 게 무엇인지 묻는 것. 이 작은 행동들이 결국 인생의 궤도를 바꿉니다. 아리스토텔레스와 하브 에커도 결국 같은 메시지를 전달하고 있습니다.

"시작을 하면, 이미 절반의 성취를 이룬 것이다."

필사 문장

"땅 위에 있는 존재를 만들어내는 것은 땅속에 있는 것이다. 눈에 보이지 않는 것이 눈에 보이는 것을 창조한다. 이게 무슨 뜻일까? 열매가 달라지길 바란다면 우선 뿌리가 달라져야 한다는 말이다. 눈에 보이는 것을 바꾸고 싶으면 보이지 않는 것을 먼저 바꿔야 한다." — 29쪽

실천 질문

"백만장자 마인드를 갖기 위해 내가 가장 먼저 바꿔야 할 '생각의 습관'은 무엇입니까?"

우리는 생각하는 대로 살아갑니다. 별 볼 일 없다고 생각하면 별 볼 일 없는 인생을 살게 되고, 내가 잘할 수 있는 일이 있다고 생각하면 그걸 기어이 찾아내, 실제로 그걸 잘하는 인생을 살게 됩니다.

나침반 도서: 《데일 카네기 자기관리론》(데일 카네기, 임상훈 옮김, 현대지성, 2021)

나침반 3

한 걸음씩
목표의 길을 내다:
목표는 위대하게, 행동은 아주 작게

하와이 대저택의 편지

하루하루 성실하게 살아가다가도 문득, 시간이 너무 빠르게 지나간다는 사실에 깜짝 놀라곤 합니다. 여러분도 시간의 속도를 체감하시나요? 시간은 언제나 쏜 화살보다 빠르게 귓가를 스쳐 갑니다.

인생을 바꾸기로 결심했을 때 제가 가장 먼저 한 일은 독서였습니다. 매년 200권에서 250권 정도를 읽었고, 지금까지 3천 권이 넘는 책을 완독했습니다. 이 독서 리스트에서 제가 늘 '인생 책 1순위'로 꼽는 책이 바로 데일 카네기(Dale Carnegie)의 《자기관리론》입니다. 이 책을 얼마나 여러 번 읽었는지 헤아리기조차 어렵습니다. 지금의 '하와이 대저택'이 세상에 나올 수 있었던 이유도, 이 책의 영향 덕분이 아닐까 생각합니다. '오마하의 현인'이라고 불리는 워런 버핏도 힘들 때마다 수시로 꺼내 보았다고 하죠. 예전에도 지금도, 전 세계의 수많은 명사들이 이 책을 주저 없이 자신의 '인생 책'으로 꼽을 만큼 엄청나게 큰 영향력을 끼친 책입니다.

이유가 무엇일까요? 우리가 안고 있는 큰 문제, 바로 '걱정'에 대한 해답을 주기 때문이 아닐까 싶습니다. 이미 지나간 일에 대해 걱정해봐야 소용이 없다는 걸 알면서도 우리는 걱정에서 벗어나지 못합니다. 걱정은 아무리 정성껏 붙잡아도 문제를 해결해주지 않습니다. 대신 스트레스만 남기고, 이마에 주름을 늘리며, 위궤양 같은 병까지 안겨줄 뿐이죠.

"그만 걱정해. 걱정한다고 뭐가 달라져?"

이런 말을 들어도 효과는 잠시 잠깐일 뿐, 우리는 어느새 다시 걱정을 붙잡고, 걱정과 함께 눈을 뜨고, 걱정과 함께 잠이 들며, 걱정과 함께 살아갑니다. '잊어버리자', '생각하지 말자'라고 되뇌어도 오히려 더 떠올라 괴롭기만 합니다.

그렇다면 데일 카네기는 이렇게 어려운 문제를 어떻게 풀었을까요? 걱정되는 일을 '목표'로 바꾼 다음, 실제로 몸을 움직여보라고 했습니다. 저는 이 말을 제 삶에서 아주 밀도 있게 경험했습니다. 걱정되는 일을 목표로 바꿔 실현 가능한 행동으로 만들 때 엄청난 에너지가 나왔거든요. 지금부터 그 보석 같은 인사이트를 여러분과 나눠보겠습니다. 이 장을 읽고 난 뒤, 여러분의 걱정이 조금이라도 가벼워진다면 더 바랄 게 없겠습니다.

한 번에 한 발,
다른 방법은 없다

한 권의 책이 준 선물

데일 카네기의 《자기관리론》은 제가 평생 인생 책으로 꼽는 책입니다. 좋은 책들이 그렇듯, 이 책도 읽을 때마다 새로운 통찰이 생깁니다. 수도 없이 밑줄을 그으며 읽었는데도, 지금 다시 읽으면 또 다른 부분이 마음을 울립니다. 평생 제 곁에 두고 읽을 책이죠.

집에서도 직장에서도 할 일은 끝이 없습니다. 눈앞의 일을 닥치는 대로 처리하다 보면 어느새 3년, 5년이 훅 지나버린 걸 깨닫죠. 저도 머릿속이 하얘질 정도로 일에 휘둘릴 때가 있는데요, 그럴 때마다 꺼내 드는 긴급 처방이 바로 이 책입니다. 이 책을 읽으면서 스스로를 진정시키는 언어를 배웠고, 이 말은 언제나 효과가 있었어요. 바로 이 한 마디였습니다.

"한 번에 하나씩."

우리는 하루에도 수십 가지 일을 합니다. 출근하고, 보고서를 쓰고, 회의하고, 수십 통의 전화를 주고받고, 쌓인 이메일을 처리합니다. 이 자잘한 일들을 다 헤아리면, 도대체 내가 이 많은 일들을 어떻게 하나 싶습니다. '내가 진짜 이걸 다 할 수 있을까?'라는 압도감마저 몰려오죠. 그럴 때 저는 그냥 조용히 스스로 묻습니다.

"지금 나에게 가장 중요한 게 뭐지?"

"한 번에 하나씩."

"한 번에, 하나씩만."

평범한 말인 것 같지만, 정말 위력적인 효과가 있습니다. 길이 아무리 멀어도 결국 한 번에 한 걸음씩 걸어야 합니다. 마라톤 선수들을 떠올려보세요. 42.195킬로미터라는 먼 거리도 오른발 왼발, 번갈아 내딛는 한 걸음이 모여 결승점에 다다를 뿐입니다. 다른 방법은 없습니다.

멀티태스킹의 비극

기준은 결국, '우선순위'입니다. 한때 멀티태스킹이 효율성 측

면에서 각광받은 적이 있습니다. 지금은 수많은 연구 결과가 정반대의 결과를 말하죠. 한 번에 하나씩 집중할 때는 효율이 100퍼센트 나오지만, 두 가지를 동시에 하면 각각 50퍼센트로 배분되는 게 아니라 각각 40퍼센트로 떨어진다고요. 나머지 20퍼센트는 어디로 갔을까요? 이 일과 저 일 사이를 왔다 갔다 하는 데 들어간 겁니다. 비효율이 무려 20퍼센트나 되는 것이죠. 걸어가며 휴대폰에 문자를 입력하는 순간을 떠올리면 금세 이해됩니다. 걷기만 했을 때와 달리 걷는 속도도, 문자 입력의 정확도도 모두 떨어집니다. 업무에서도 같은 현상이 나타납니다. 그래서 우선순위가 중요한 것이죠.

전환 비용을 줄이는 법

"저는 투자해서 부자도 되고 싶고, 직장에서 인정받아 승진도 하고 싶어요."

많은 사람이 이렇게 말합니다. 무척 공감되는 말입니다. 과거의 저 역시 원했던 일이니까요. 이것도 하고 싶고 저것도 하고 싶다는 말은 둘 다 놓치고 싶지 않다는 뜻이죠. 직장생활은 언젠가 끝나니 퇴직 이후를 준비해야 하고, 그러다 보니 부업을 병행하려는 생각이 멀티태스킹으로 스스로를 이끌기도 합니다.

그러나 이렇게 하나둘 일이 늘어나 동시에 많은 일을 벌일수록 확인할 문제, 피해야 할 문제도 늘어납니다. 결국 전환 에너지가 커지면서 비효율도 높아지죠. 목적지에 빠르게 도달하기 위해 시작한 일이 오히려 내 발목을 잡고 맙니다.

'인생 멀티태스킹'에 빠지면 삶이 무거워집니다. 원하는 것을 이루는 길은 동시에 많은 일을 빠르게 해치우는 게 아니라, 한 번에 하나씩 해나가는 겁니다. 더 큰 관점으로 자신의 삶을 보는 거죠. '내가 지금 가장 중요한 것에 집중하고 있는지' 말입니다.

그런데 아이러니하게도, 많은 일에 치여 하루하루 바쁘게 살다 보면 가장 중요한 것을 몇 년씩 미룬 채 살아가게 됩니다. '언젠가 하겠지' 하면서요. 가장 중요한 일을 먼저 해야 하는데, 가장 중요한 것만 계속 안 하게 되는 현상이 생깁니다. 한다고 해도 가끔 생각날 때 합니다.

도대체 우리 인생에 왜 이런 일이 생기는 걸까요? 이것은 뇌과학적으로 설명이 가능합니다. 일할 때 우리 뇌는 스파크를 일으키며 활성화됩니다. 이때 여러 일을 동시에 하면 뇌는 이 부위에서 저 부위로, 여기저기 계속 왔다 갔다 하게 됩니다. 그리고 그 이동 과정에서 가장 많은 에너지가 쓰입니다. 흔히 말하는 '전환 비용'이 발생하기 때문이죠. 따라서 이 비효율을 줄이려면 우선순위에 따라 한 가지씩 처리하는 게 가장 효과적입니다. 그런데

이 말을 오해하고, 이렇게 묻는 분들도 있습니다.

"그럼 하루 종일 한 가지 일만 붙잡고 16시간씩 일해야 하나요? 그러면 좋아하는 일도 못 하고, 가족들과 시간도 제대로 못 보내잖아요?"

맞습니다. 그렇게 보일 수도 있죠. 하지만 제가 말하려는 건, 하루 종일, 평생을 일만 하라는 게 아닙니다. 오히려 그 반대예요. 사랑하는 사람과 함께 있기 위해, 하고 싶지 않은 일을 억지로 평생 붙잡고 살아야 할까요? 현실은 마음에 들지 않고 미래는 멀게만 느껴진다면, 결국은 어느 순간 반드시 결단을 내려야 합니다. 중요한 건 '평생 하라'가 아니라, 스스로 기한을 정해 집중해서 압축하는 것입니다.

중력에 비유하면 쉽게 와닿을 겁니다. 우리가 지구의 강력한 중력에 붙잡혀 있듯, '셀프 고립'에 빠져 가장 중요한 일 하나에 완전히 사로잡혀 몰입해야 할 때가 있습니다. 그런데 그때도 중력권을 이탈해버리면 완전히 돌아올 수 없습니다. 최대한 밀도 있게 집중하되 자기 삶의 중력 밖으로 튕겨 나가지 않을 정도로 해야죠. 그러기 위해서라도 더더욱 '최대한 짧은 기간 동안 밀도 있게' 시간을 보내야 합니다. 제가 시간 압축 이야기를 자주 하는데, 조급해하거나 서두르는 것과는 전혀 다른 의미입니다.

우선순위를 정한다고 해서 1순위만 소중한 건 아닙니다. 2순위, 3순위, 4순위도 당연히 소중합니다. 우리는 원하는 삶을 살아가길 바라고, 부자가 되길 바라고, 가족과 행복하게 살아가길 바랍니다. 그러려면 인생을 바꾸기 위해 반드시 한 번쯤은, 6개월이든 1년이든 2년이든 중력권에서 최대한 벗어나지 않을 만큼의 경계선까지 가봐야 합니다. 이런 경험이 없다면 평생 한 가지 일에서 다른 또 한 가지 일로, 마치 핑퐁 게임 하듯 왔다 갔다 하며 시간을 흘려보낼 뿐입니다.

걱정을 없애는 세 가지 단계

원하는 인생으로 가는 길을 가로막는 것 중의 하나가 바로 '걱정'입니다. "이걸 어떻게 해결하지?" 하다가, 심지어 "이 걱정 좀 그만하고 싶은데, 어떻게 해야 되지?" 하는 걱정까지 합니다. 그런데 걱정을 잠재우는 공식이 있습니다. 세계 최초로 에어컨을 만든 캐리어(Carrier Corporation) 사의 CEO 윌리스 캐리어가 고안한 3단계 방법입니다. 아마 이보다 좋은 걱정 해결 공식은 없을 겁니다. 카네기도 '마법의 공식'이라고 극찬한 공식이니까요. 물론 저 역시 지금도 자주 사용합니다.

1단계는 팩트 체크입니다.

지금이 어떤 상황인지, 이번 일로 '발생할 수 있는 최악의 결과'는 무엇인지 있는 그대로 적어보는 겁니다. 젊은 시절, 캐리어가 거래처 공장에 공기정화 관련 부품을 설치한 적이 있었습니다. 그런데 제대로 작동이 안 되었습니다. 회사에 2만 달러 이상의 손실을 끼칠 수 있었습니다. 그 당시에는 정말 엄청난 금액이었죠. 잠도 안 오고 당장이라도 죽을 것 같았습니다. 그때 그는 노트에 이렇게 적었습니다.

"최악의 상황이 뭘까? 이 일로 잘린다."

맞습니다. 최악의 상황은 그거였습니다. 그보다 큰 건 없죠. 일 좀 잘못했다고 회사가 망하거나, 회사가 캐리어를 죽이진 않을 테니까요.

2단계는 '상황을 있는 그대로 받아들이는 것'입니다.

"그다음엔 어떻게 하지? 잘리면 할 수 없지. 받아들여야지."

그는 일어날 수 있는 그 최악의 상황을 가정해본 후 어쩔 수 없다면 받아들이기로 했습니다. 잘린다고 생각하니 갑자기 마음이 엄청나게 편안해졌답니다. 그리고 그제야 제대로 생각이란 걸 할 수 있었습니다. 그전까지는 미칠 것만 같고 잠도 못 잤는데, '잘리면 내 커리어는 좀 안 좋아지겠지, 그렇다고 내가 직업을 영원히 구하지 못하는 건 아니잖아? 월급은 좀 줄겠지만 뭐, 괜찮아. 열심히 해서 다시 올리면 되지'라고 생각한 후부터 마음에 여유가 생긴 것이죠.

마지막 3단계는 '지금 할 수 있는 행동 한 가지를 찾는' 겁니다.

"최악의 상황을 개선하려면 무엇을 할 수 있지? 침착하게 하나씩 생각하자."

캐리어는 그냥 앉아서 2만 달러를 날리느니 다른 부품 하나를 추가로 부착하면 어떻게 될지를 생각했다고 합니다. 결과는 어땠을까요? 무려 1만 5천 달러를 추가로 벌었습니다! 2만 달러를 날릴 뻔했는데 오히려 1만 5천 달러를 더 벌게 된 것이죠. 계속 걱정이나 하고 있었다면 거둘 수 없었을 수익이었습니다. 캐리어는 수익을 올렸지만, 우리는 수익 대신 다른 단어로 바꿔볼 수도 있을 겁니다. 결과, 성과, 아니면 성공이라는 단어로 말이죠.

카네기는 캐리어의 사례를 통해 '걱정만 하고 있으면 성공할 수 없다'는 사실을 우리에게 알려줍니다. 여러분은 어떠신가요? '시선의 방향'을 어디에 두느냐에 따라 죽을 만큼 힘들었던 일이 사실은 별것 아닌 일이 될 수도 있습니다. 저 역시 이 방법을 알기 전에는 걱정 때문에 온갖 병을 얻었습니다. 제 직장은 업무감사가 유난히 많았어요. 회계감사, 복무감사, 일반감사, 특별감사, 합동감사…… 끝없는 감사의 연속이었습니다. 특히 30대 초반의 젊은 후배는 회계감사에서 회사에 3천만 원의 손실을 입혔다는 결과를 받아들여야 했습니다.

매일 괴로워하는 후배의 모습을 보면서, 당시의 저는 많은 생각을 하게 되었습니다. 사실 이런 상황이라면 누구도 쉽게 '연봉이 조금 줄더라도 다른 일을 하면 되지'라고 받아들이기 어렵습니다. 여러분도 삶에서 언젠가 이런 일을 마주할지 모릅니다. 그땐 힘든 감정이 끝없이 올라오더라도, 수첩이든 휴대폰이든 반드시 글로 적어보기를 권합니다. 막상 써보면, 힘든 그 일 자체보다 걱정이 여러분을 짓누르고 있었다는 사실을 깨닫게 될 겁니다.

함께 일하는 동료 중에는 이런 말을 하는 사람이 꼭 있습니다.

"일할 땐 일만 하는 거지, 나는 일에 감정을 섞지 않아."

그런데 이게 가능할까요? 아니요. 전혀 가능하지 않습니다. 거짓말이죠. 사람은 자신이 하는 행동 하나하나에 감정이 따라올 수밖에 없습니다. 그런데 어떻게 감정을 섞지 않을 수가 있겠어요? 뇌에서 이성을 담당하는 부위는 신피질입니다. 신피질은 변연계의 편도체(감정이 촉발되는 지점)와 연결되어 있기 때문에 아무리 이성적으로 행동하려 해도 감정이 따라붙습니다. 만약 그 연결이 끊기거나 활성화되지 않는다면 그것은 병적인 상태에 가깝습니다. 감정 인식 장애 등으로 인해 대인관계를 비롯한 사회적 관계 전반에 심각한 문제가 생기는 것도 그 때문입니다.

걱정이 우리를 장악하는 순간은 바로 이 편도체가 이성을 납치하는 순간입니다. 정전이 되듯 탁, 스위치가 나가는 거죠. 그런데 캐리어가 한 것처럼, '걱정 해결 공식'을 글로 써 내려가면, 꺼졌던 스위치가 다시 켜집니다. 저 역시 이성이 납치당하는 경험을 정말 수없이 했고, 그때마다 참 많이 힘들었습니다. 제 주변의 많은 분들도 마찬가지였죠. 하지만 다행히도 지금은 저도, 제 지인들도 예전보다 훨씬 행복하게 살고 있습니다. 이건 아무리 옆에서 얘기해도 본인이 직접 경험하지 않으면 절대 이해할 수 없는 부분이니, 반드시 직접 해보시길 강하게 권합니다.

우리를 넘어뜨리는 건 거대한 산이 아니라 작은 돌부리다

걱정은 집중력을 잠식한다

걱정의 가장 나쁜 속성은 집중력을 파괴한다는 겁니다. 이성적으로 생각을 할 수가 없습니다. 마음이 온갖 상황을 헤매고 다니느라 결단력을 잃어버리고 맙니다. 머릿속에서는 막장 드라마 같은 시나리오가 끝없이 펼쳐지죠. 이럴 때는 반드시 끝까지 써보세요. 가장 최악인 순간을 글로 적으면, 그땐 마음이 멈출 테니까요. 그런데 이런 의문이 들 수도 있습니다.

"항상 긍정적이고 좋은 걸 상상하고 시각화하고 하라고 했는데, 최악의 과정을 생각하는 건 서로 상충되는 것 아닌가요?"

완전히 다릅니다. 나의 목적, 삶의 북극성이 있는 방향으로 나아가는 길에 만나는 구체적인 문제를 다루는 기술이니까요. 저는 지금도 목표로 삼고 있는 것을 몇 년째 단 하루도 빼먹지 않고 기록하고, 잠자기 전에 100번씩 말로 되새기며 잠에 듭니다. 삶의 문제가 생긴 날에도 마찬가지예요. 왜냐하면 지금 닥친 문제는 저의 북극성으로 가는 경로에 원래 놓여 있는 것이기 때문입니다. 경로의 방향을 바꿀 수 있는 존재 자체가 아니라는 뜻입니다. 저는 그저 북극성이 있는 방향으로 살아왔고, 지금도 여전히 그 길을 가고 있습니다. 그러니 벌어질 수 있는 최악의 상황을 구체적으로 볼 수 있는 것이죠. 천체물리학과 양자역학처럼, 같은 과학이라 하더라도 결은 전혀 다릅니다.

헨리 데이비드 소로(Henry David Thoreau)가 말했듯이, "자신이 꿈꾸는 방향으로 자신 있게 나아가며 자신이 상상한 삶을 살아가고자 하는 사람은 평소 기대했던 것보다 큰 성공을 거둘 것이다"라는 사실을 믿어야 합니다. 그러나 많은 사람은 걱정에 매몰되어 삶의 시간을 대부분 허비합니다. 그렇기에 삶의 방향을 일러주는 북극성, 그것을 절대 잊지 마십시오. 그것 하나만 있으면, 지금 하고 있는 걱정도 북극성을 향해 가는 경로에 놓여 있는 다양한 사건 중 하나일 뿐이라는 사실을 알게 됩니다.

당신은 어디에 걸려 넘어지는가?

목적지를 향해 갈 때 이렇게 말하는 사람은 없습니다.

"내가 산에 걸려 넘어졌어."

그렇다면 어디에 걸려 넘어질까요? 대개는 작은 돌부리에 걸려 넘어집니다. 데일 카네기도 똑같은 말을 했어요.

"우리는 종종 인생의 커다란 재난에는 용감하게 행동하면서 사소한 문제들, 성가신 골칫거리들 앞에서는 쉽게 쓰러진다."

세월이 흐르면서, 어린 시절 제가 걱정했던 문제 중 99퍼센트는 실제로 일어나지 않았습니다. 여러분 인생을 돌아봐도 그렇지 않나요? 지금 하고 있는 걱정 중에 실제로 일어난 일이 얼마나 되나요? 대부분은 일어나지도 않았을 겁니다.

그런데 이상하지 않나요? 우리는 왜 실패에 대해선 계속 상상하고 대비하면서, 성공에 대해서는 그렇게 하지 않는 걸까요? "이러다가 망하는 거 아니야, 이거 안 되면 어떡하지?"라고 전전긍긍하는 건 익숙한데, "이러다 성공하면 어떡하지? 진짜 나 부자되면 어떡하지?"라고 상상하는 건 낯설어합니다.

어쩌면 걱정하는 것도 당연한 일입니다. 우리가 밥 먹듯 걱정하는 이유는 생존 본능 때문이니까요.

갑작스럽지만 거북이 이야기를 좀 해드릴게요. 바다 거북이와 육지 거북이는 같은 거북이지만 생김새가 다릅니다. 바다 거북이는 헤엄을 잘 칠 수 있게 앞발이 노 모양으로 되어 있습니다. 반면, 육지 거북이는 발톱도 있고 기어 다니는 데 적합하죠. 살아가는 환경에 맞게 진화한 겁니다. 그런데 그 기간이 몇백 년, 몇천 년 정도가 아니라 몇천만 년이라는 점이 중요합니다. 엄청나게 긴 시간에 걸쳐 서서히 달라진 거죠.

그런데 우리 인간은 너무 갑작스러운 환경의 변화를 겪었어요. 우리 몸이 환경에 적응하는 속도보다 문명은 훨씬 빠르게 변화했죠. 인간의 뇌는 아직 원시시대 조상들의 뇌와 크게 다르지 않은 상태인데, 새로운 버전으로 업그레이드되기도 전에 현대문명을 맞이한 겁니다.

이런 이유 때문에 현대인이 각종 건강 문제에 시달리는 것도 자연스러운 일입니다. 하루 종일 앉아서 화면을 보며 손가락을 두드리는 행위는 100년도 되지 않았습니다. 50년 전에는 자판을 두드리는 게 아니라 글자로 쓰는 일이 많았죠. 100년 전에는 하루 종일 앉아서 일하는 직업 자체가 드물었습니다. 공장에서는 서서 일했을 테니까요. 더 과거로 가면, 공장에서 일한다는 개념조차 없었습니다. 그리고 보다 더 과거로 가면, 한곳에 정착하지 않고 수렵과 채집을 하며 살아갔습니다.

즉, 사람의 신체 구조상 '앉아서 일하는 것'은 본래 적합한 형태가 아닙니다. 오랜 시간에 걸쳐 적응했다면 그나마 나았겠지만, 그런 시간도 충분히 없었습니다. 그러니 우리 몸의 척추부터 관절, 어깨와 목에 이상이 생기는 것도 당연한 일인지도 모르겠어요. 오래 앉아 있는 것 자체가 인간에게는 굉장히 낯선 형태니까요. 그렇기에 지금 내가 처한 상황과 뇌의 반응이 다르게 나타나는 것도 당연합니다. 30만큼의 문제를 마주했을 뿐인데, 뇌는 300만큼의 일처럼 반응하는 것입니다.

생존 본능 때문에 무의식적으로 이성이 납치당하는 일이 많을수록, 우리는 더욱 의식적으로 살아야 합니다. 안 해본 걸 '처음으로' 시도해야 합니다. 그래야 그걸 이룰 가능성이 1퍼센트라도 생기지, 아예 시도조차 하지 않으면 0퍼센트니까요.

무엇이든 시도하면 가능성이 생기는 시대를 살고 있습니다. 그런데도 걱정이라는 생존 본능 때문에 직장을 벗어나지 못하고, 새로운 도전을 하지 못하며, 하고 싶은 일을 하지 못하고, 진짜 원하는 커리어의 첫걸음을 떼지도 못한다면, 그보다 안타까운 일이 어디 있을까요.

나였다면 어땠을까?

동기를 부여하며 '변화의 시동'을 걸어보려고 해도, 자극은 쉽게 사라집니다. 자극이 약해서가 아니라 자극에 익숙해진 탓이죠. 우리는 온갖 미디어를 통해 너무나 많은 것을 접하므로, 긍정적이든 부정적이든 자극에 굉장히 익숙해졌습니다. 그만큼 타인과 나를 비교하기 쉬운 환경이 되었다는 뜻이기도 합니다. 지금 당장 휴대폰을 열기만 해도 '잘 나가는 사람들'의 스토리가 줄줄이 나타납니다. 질투는 쉬워졌지만, 무언가를 깨닫기는 오히려 어려워졌습니다.

불과 몇 년 전만 해도 엄청나게 충격을 받았을 이야기도, 어지간한 사건이 아니면 시선을 끌지 못합니다. 설령 충격을 받더라도, 금세 또 다른 이야기 속에 묻혀 잊고 맙니다. 내 안에서 불꽃이 튀지 않는 것이죠. "어떻게 저 사람은 저렇게 해냈지?"라는 질문이 내 안에 아무런 파동도 일으키지 않는다면, 질문을 바꿔야 합니다.

"나였다면 어땠을까?"

제가 이 질문을 꺼낸 이유는, 이 책에 나오는 한 사람 때문입니다. 그녀는 기업가도, 학자도, 작가도 아니었고, 심지어 유명하지도 않았습니다. 그런데 신기하게도, 저는 이 사람의 이름을 딱 한 번 본 후 기억했습니다. 도무지 잊히지 않더군요. 바로, 보길드 달(Borghild Dahl)입니다. 달에 대해 카네기는 이렇게 썼습니다.

설거지를 흥겨운 경험으로 만드는 법을 알고 싶은가? 그렇다면 보길드 달의 놀라운 용기를 보여주는 감동적인 책 《나는 보고 싶었다》를 읽으라. 50여 년 동안 앞을 제대로 보지 못했던 여성이 쓴 책이다. 이 책에서 그녀는 이렇게 말했다. "나는 눈이 하나밖에 없다. 하지만 그 눈마저 심한 상처로 덮여 있다 보니 왼쪽 눈에 난 조그마한 구멍을 통해 모든 것을 보아야 했다. 책을 얼굴 바로 앞까지 들이밀고 눈은 가능한 한 왼쪽으로 굴려 잔뜩 찌푸려야만 겨우 글자를 읽을 수 있었다." 하지만 그녀는 동정을 거부했고, 보통 사람과 다른 취급을 받고 싶어 하지도 않았다. 어린 시절 그녀는 친구들과 사방치기를 하며 놀고 싶었지만 땅에 그려놓은 줄을 볼 수 없었다. 그래서 친구들이 모두 집으로 돌아간 후 무릎을 꿇고 땅에 눈을 가까이 댄 다음 줄을 따라 기어 다녔다. 그렇게 땅에 그려진 줄을 모두 외우자 금세 사방치기의 고수가 되었다. 집에서는 주로 책을 읽었는데 글씨가 큰 책에 눈을 바짝 대고 읽다 보니 속눈썹이 책에 닿아 사각사각 소리를 낼 정도였다.

— 183~184쪽

그녀는 마음속 한편에 '눈이 완전히 멀면 어쩌나' 하는 두려움이 있었다고 합니다. 그 두려움을 극복하려고 남에게 우스꽝스럽게 보일 만큼 일부러 쾌활한 태도로 지냈죠. 그러다가 52세가 되던 1943년, 드디어 기적이 일어납니다. 전 세계에서 최고로 평가받는 메이오 클리닉에서 수술을 받게 된 겁니다. 수술은 성공적이었고 그녀는 이제 예전보다 40배나 잘 볼 수 있게 되었습니다. 그토록 간절히 바랐어도 볼 수 없었던 세상을 처음 보았을 때, 그때의 경험을 그녀는 이렇게 기록합니다.

> 이제는 설거지를 할 때마저 흥겨웠다. 나는 설거지 통에 하얗고 폭신해 보이는 거품을 가지고 놀기 시작했다. 손을 담가 작은 비누 거품을 잡는다. 거품 빛에 비춰보면 작은 무지개가 형형색색으로 빛난다. 부엌에 난 창으로 내다보면 참새들이 펄펄 내리는 눈 사이로 잿빛 날개를 푸드덕거리며 날아오는 광경이 펼쳐졌다.
> (……)
> 비누 거품의 반짝임 속에서, 눈 위로 날아오르는 참새들의 날갯짓 속에서 큰 기쁨을 느끼며 그녀는 이렇게 책을 마무리합니다.
> "고맙습니다. 고맙습니다." — 184쪽

설거지를 할 수 있고, 비누 거품 속에서 무지개를 발견하고, 눈 속을 날아다니는 참새를 본다는 이유로 신에게 감사하다니요. 그녀의 이야기를 접하고 데일 카네기는 이렇게 고백합니다.

> 당신과 나는 부끄러운 줄 알아야 한다. — 184쪽

여러분은 이 이야기를 어떻게 받아들이시나요? 요즘처럼 자극적인 이야기들이 넘치는 시대라면 별다른 감흥이 없을지도 모릅니다. 하지만 이 이야기를 남의 이야기가 아니라 내 인생 이야기

로 생각하면 어떨까요? 걱정 대신 감사의 마음으로 하루하루를 살아내 보면 어떨까요? 저도 이런 마음으로 살아가려고 매일 노력합니다. 의식적으로 노력하지 않으면 금세 잊게 되니까요. 저도, 여러분도, 실제로 감사할 일은 과소평가하고, 눈앞의 문제는 과대평가하고 있다는 사실을 잊지 않았으면 합니다.

당신의 믿음은 무엇을 끌어당기고 있는가?

잠재 능력의 빙산

"평범한 사람은 자신의 잠재된 정신 능력 중 겨우 10퍼센트밖에 쓰지 못한다."

이는 인간에 대한 속설로 흔히 인간의 의식을 빙산의 일각에 비유하곤 합니다. 빙산은 물 위로 드러난 부분보다 물 속에 잠긴 부분이 훨씬 큽니다. 물 위로 드러난 부분이 의식이고, 물속의 거대한 덩어리가 잠재의식이라면, 우리는 이 거대한 잠재능력의 10퍼센트밖에 쓰지 못한다는 거죠.

인간에게는 다양한 종류의 능력이 있지만, 습관에 빠져 이를 제대로 활용하지 않습니다. 하루하루의 일상을 반복할 뿐이죠. 출근해서 일하고, 퇴근한 뒤 술을 마시거나 게임을 하고, 넷플릭스를 보다가 잠이 듭니다. 돈 버느라 피곤하다는 생각에 빠질 뿐 삶을 변화시키는 시도는 하지 않습니다.

이렇게 사는 삶은 똑같은 하루를 무한히 반복하며 지내는 것과 다를 바 없습니다. 그리고 자신 안에 숨겨져 있는 어마어마한 능력을 제대로 꺼내 쓰지 않는 거예요. 마치 냉장고에 싱싱한 재료가 잔뜩 있는데, 고작 컵라면 하나 끓여 먹는 것과 같은 삶을 살게 되는 겁니다.

자신에 대해 아는 것보다 모르는 게 훨씬 더 많다

사람은 자기가 믿는 대로 삽니다. 이 말은 제가 만들어낸 게 아니라, 성공학의 대부인 나폴레온 힐을 비롯해서 정말 수많은 사람들이 한 말입니다. 성공한 기업가들, 대문호, 철학자들 역시 한결같이 같은 말을 했죠.

"사람은 자기가 믿는 대로 살게 된다."

이 말이 어떤 뜻인지 인수분해를 해보겠습니다. 우선, 우리가 살고 있는 지구, 지구가 속해 있는 태양계, 즉 '우주'를 생각해보죠. 무엇이 떠오르나요? 눈에 보이는 것은 거의 없을 겁니다. 그냥 새카맣습니다. 측정 장비를 쓰면 우주의 약 4.9퍼센트 정도가 중립자를 포함한 일반물질로 이루어져 있다는 사실을 알 수 있습니다. 맨눈으로는 볼 수 없지만, 장비를 쓰면 분명히 확인할 수 있는 것이죠.

암흑 물질과 암흑 에너지처럼 '암흑'이 붙으면 빛으로는 전혀 볼 수 없다는 뜻입니다. 우리는 그 존재를 직접 관측할 수 없고, 중력과 우주 팽창 같은 간접적인 효과를 통해서만 추정할 뿐이죠. 과학적으로도 아직 암흑 물질을 직접 검출하는 데 성공하지 못했습니다. 결국 우리가 우주에서 직접 관측할 수 있는 일반물질은 전체의 약 4.9퍼센트에 불과한 셈입니다.

마찬가지로 해양학자들에 따르면, 지금까지 과학적으로 탐사된 바다는 전체의 20퍼센트도 되지 않습니다. 나머지 80퍼센트 이상은 여전히 미지의 영역이죠. 바다 생물 역시 200만 종 이상이 있을 것으로 추정되지만, 우리는 그중 10퍼센트 남짓밖에 알지 못합니다. 지구 안에 또 다른 '외계'가 존재하는 셈입니다.

당신과 가장 가까이 지내는 5명의 평균이 바로 당신이다

이번에는 좀 더 작은 세계로 가보겠습니다. 종이 위에 볼펜 하나를 올려보세요. 볼펜 심을 아주 정밀한 기계로 들여다본다고 가정해보죠. 10의 마이너스 몇 배 수까지 최대한 들어가서 보면 최종적으로 원자가 나타납니다. 원자핵이 있고, 그 주변을 전자들이 돌고 있죠. 이 상태에서는 볼펜인지 아닌지조차 판단하기 어렵습니다.

우리가 눈으로 보는 볼펜은 물성이 느껴지는 고체입니다. 딱딱하고 손에 만져집니다. 그렇다면 '근본적'으로 볼펜은 무엇으로 이뤄져 있을까요? 플라스틱이나 잉크라는 대답도 틀린 말은 아니지만, 질문에 대한 근본적인 답은 아닙니다. 볼펜도 결국 원자로 이루어져 있으니까요. 노벨상을 받은 세계적인 이론 물리학자 리처드 파인만은 "지구가 멸망한다면 이후에 생겨날 새로운 인류에게 무엇을 남기겠습니까?"라는 질문에 단 한마디로 답했습니다.

"모든 것은 원자로 이루어져 있다."

벽도 펜도 노트북도 의자도 우리 자신도 모두 원자로 이루어진 존재입니다. 가운데 원자핵이 있고, 전자가 주변을 돌고 있죠. 전자는 입자이면서 동시에 파동성을 지니고 있기에, 우리는 바로 이 파동에 주목해야 합니다.

어떤 일이 잘 되어갈 때 우리는 흔히 "기세가 좋다", "기운이 좋다"고 표현합니다. 이 '기운'을 영어로 번역하면 에너지입니다. 에너지는 눈에 보이지 않지만, 세상 모든 사물은 고유한 진동과 파동의 형태로 존재합니다. 원자와 분자는 각각 특정한 고유 진동수를 가지고 있어, 이를 통해 물질마다 고유한 성질이 나타납니다.

많은 사람이 '끌어당김의 법칙'을 이야기할 때 론다 번의《시크릿》을 떠올리지만, 저는 청소부에서 세계적인 자기 계발 멘토로 성장한 전설적인 동기부여가 밥 프록터(Bob Proctor)의 말 "중요한 것은 끌어당김의 법칙이 아니라 진동의 법칙이다"가 더 와닿습니다.

진동이 맞아떨어질 때 공명(Resonance)이 일어나기 때문입니다. 실제로 우리 주변에서도 공명 현상은 쉽게 발견됩니다. 2011년, 서울 강변역에 위치한 테크노마트 건물이 흔들린 사건이 있었습니다. 조사 결과, 12층 피트니스센터에서 20여 명이 집단으로 태보 운동을 하는 동안 건물의 고유 진동수가 동작의 진동수와 맞아떨어져 건물이 크게 흔들렸던 것이죠. 고작 20명의 움직임으로 말입니다. 또 1831년 영국 맨체스터 근처의 브로턴 현수교가 무너진 사건도 같은 원리였습니다. 군인들이 발을 맞춰 행진하던 리듬이 다리의 고유 진동수와 일치했고, 결국 다리가 붕괴된 것입니다. 그 전에 탱크와 장갑차가 지나갔지만 아무 문제가 없었던 이유도 진동수와 맞지 않았기 때문입니다.

이처럼 주파수가 맞으면 작은 힘도 크게 증폭되는 것이 공명 현상입니다. 그네를 밀 때 타이밍이 맞으면 작은 밀침에도 크게 흔들리는 것과 같은 원리죠.

이 사실은 물리적 세계에만 해당되지 않습니다. 인간관계나 성

진동·공명과 인간관계의 적용

구분	물리적 세계 사례	인간관계/ 성공 법칙 적용
원자/진동	모든 물질은 고유한 진동수 보유	모든 사람은 고유한 에너지와 파동을 가짐
공명	태보 운동 → 건물 흔들림 군인 행진 → 다리 붕괴	비슷한 진동(에너지)을 가진 사람들이 서로 끌림
작은 힘 증폭	20명의 운동 → 거대한 건물 흔들림	소수의 영향력 있는 사람이 나의 삶에 큰 파급효과를 미침
삶의 적용	그네 밀기: 타이밍이 맞으면 작은 힘도 크게 작용함	가까이 지내는 5명의 평균이 곧 나의 에너지이자 삶이 됨

공 법칙에서도 비슷하게 적용됩니다. 잘되는 사람 옆에는 잘되는 사람들이, 불평하는 사람 옆에는 불평하는 사람들이 모입니다.

"당신은 가장 가까이 지내는 다섯 명의 평균이다"라는 말처럼, 우리가 어떤 '진동수'를 가진 사람들과 어울리느냐에 따라 우리의 삶은 완전히 달라집니다.

300조분의 1이라는 기적

물질마다 진동수가 다르듯, 사람도 각자 가진 재능이 다릅니다. 세상에 똑같은 사람은 한 명도 없죠. 만약 '나는 아닌데, 나는 특별한 재능이 없는데'라고 생각한다면 카네기의 이 말을 가슴에 새기길 바랍니다.

당신과 나도 그런 능력을 가지고 있다. 그러니 걱정하는 데 단 1초라도 시간을 낭비하지 말자. 우리는 남과 다른 사람이기 때문이다. 당신은 세상에서 완전히 새로운 존재다. 태초부터 지금까지 당신과 똑같은 사람은 한 명도 없었다. 앞으로 아무리 많은 세월이 흐르더라도 당신과 같은 사람은 결코 없을 것이다. 유전학이라는 새로운 과학에 따르면 당신은 아버지에게 받은 23개의 염색체와 어머니에게 받은 23개의 염색체가 조합된 결과물이다. 46개의 염색체가 만나 우리의 유전적 속성을 결정한다.

암란 샤인펠트에 따르면 각각의 염색체에는 몇십 개에서 몇백 개에 이르는 유전자가 있고 어떤 경우에 하나의 유전자만으로도 한 사람의 삶 전체가 달라지기도 한다.

우리는 무시무시할 정도로 경이롭게 만들어졌다. 당신의 아버지와 어머니가 만나 결혼하고 출산을 했을 때 당신이라는 사람이 태어날 가능성은 300조분의 1밖에 되지 않는다. 따라서 당신에게 300조 명의 형제자매가 있더라도 그들은 전부 당신과 완전히 다른 사람들이다. 이는 막연한 추측이 아니라 과학적 사실이다.

— 190쪽

현재 인구수가 80억 명이라고 하는데 80억 명이 아니라 300조 명이 있어도 나와 똑같은 사람은 없습니다. 쌍둥이도 다른 사람이잖아요. 물론 쌍둥이만이 가지고 있는 특징들이 있긴 하지만, 엄밀히 말하면 완전히 다른 사람입니다.

우리가 일상에서 발휘하는 능력은 진짜 빙산의 일각입니다. 그러니 우주와 같은 목표를 잡고 먼지와 같은 능력을 찾아야 합니다.

"내가 그걸 할 능력이 있나?"

이런 생각이 든다면 능력이라는 단어에 대해 오해하고 있는 겁니다. 능력을 대단한 단어라고 생각하시면 안 됩니다. 우리는 보통 아이큐가 높거나, 난해한 수학 문제를 풀거나, 군사 암호를 해독하거나, 음악사에 남을 교향곡을 작곡하거나, 리스크가 큰 투자에 성공하는 등 특정 분야에서 엄청난 두각을 나타내는 '천재'의 이미지를 떠올립니다.

그렇다면, 데일 카네기는 과연 어떤 사람이었을까요? 천재와 같은 재능을 갖고 있었을까요? 아니면 우리와 비슷한 상황이었을까요? 자신이 이루고 싶었던 성취를 이미 이룬 사람들을 만날 때, 그는 어떤 생각을 했을까요? 이미 오래전 고인이 되었으니 현실에서 만날 수는 없지만, 카네기를 만난다면 저는 꼭 물어보고 싶은 게 한 가지 있습니다.

"당신은 문학 작품을 쓰는 위대한 작가가 되고 싶었지만 그러지 못했잖아요. 그 시기를 어떻게 지나왔나요? 나중에는 대문호들마저 존경하는 사람이 되었는데, 도대체 어떻게 가능했나요?"

그가 어떤 대답을 할지 현실에서는 들을 수 없어도 책에선 읽을 수 있습니다.

"나는 셰익스피어에 필적하는 책을 쓸 수 없다. 하지만 내 책이라면 쓸 수 있다."

그는 '셰익스피어처럼' 되는 대신 '데일 카네기'가 되었습니다. 바로 자신 안에 있는 재능, '300조분의 1만큼' 작았지만 '나만의' 재능을 발휘해서요. 300조분의 1에 해당하는 '나'라는 존재는 바로 그런 존재입니다.

먼저 내 안의 먼지 같은 재능을 찾아라

우리는 생각하는 대로 살아갑니다. 별 볼 일 없다고 생각하면 별 볼 일 없는 인생을 살게 되고, 내가 잘할 수 있는 일이 있다고 생각하면 그걸 기어이 찾아내, 실제로 그걸 잘하는 인생을 살게 됩니다. 저는 40대에 가까운 시점에서야 제가 잘하는 것을 정말 처절하게 찾았던 기억이 있습니다. 내 안의 재능을 찾을 땐 최근부터 역순으로 기억을 샅샅이 더듬어보세요. 그리고 세 가지 기준으로 찾아보십시오.

첫 번째는 별것 아니지만 잘했던 것, 두 번째는 잘했는지 모르겠지만 재미있던 것, 세 번째는 시작하면 시간이 금방 갔던 것입니다.

저의 사례를 한 가지 말씀드리겠습니다. 저는 정말 아무리 생각해도 잘할 수 있는 게 없어서 20년 가까이 거슬러 올라갔습니다. 20대 초반 학부생 시절을 떠올린 거죠. 대학생일 때의 저는 공부를 그다지 좋아하지 않았습니다. 전공에 딱히 흥미를 느끼지도 않았죠. 그런데 유일하게 재미있게 참여한 게 발표 수업이었습니다.

당시엔 지금처럼 피피티를 많이 쓰던 때가 아니라 애니메이션이나 슬라이드 효과를 조금만 줘도 "우와!" 하는 감탄을 들을 수 있었습니다. 그걸 만드는 게 그렇게 재미있었고, 시간 가는 줄 모르고 몰입했습니다. 그리고 피피티 슬라이드가 한 장씩 넘어가며 발표하는 제 자신이 왠지 모르게 좋았고, 발표 후엔 정말 뿌듯했습니다. 이렇게 옛 기억을 떠올리며 깨달았습니다.

"이게 내 능력이다."

누군가는 '그런 것도 능력이냐?'라고 생각할 수 있습니다. '아무나 다 하는 거 아니냐'고요. 하지만 저에겐 인생을 바꿀 만한 발견이었습니다. 직장에 다니면서 투자를 공부하고, 이 정도면 월급을 안 받아도 충분히 살 수 있겠다는 판단이 든 시점에, 저는 '파이어'를 선언했습니다. 이제는 회사가 하라는 일 말고, 내가 하고 싶은 일을 하면서 살고 싶었으니까요.

바로 이때 피피티 능력을 떠올린 겁니다. 피피티를 만들어 다른 사람들에게 설명하는 능력, 그걸로 내가 무엇을 할 수 있을까

고민하다가 결국 유튜브를 시작하게 되었습니다. 제가 유튜브를 하게 된 계기는 거창한 능력이 아니라, 어찌 보면 먼지 같은 작은 능력, 바로 피피티였던 거죠.

그러니 우선 먼지 같은 그 능력을 찾아야 합니다. 만약 대단한 능력이 있다면 축복받은 사람이니 감사하면 됩니다. 그게 아니라면? '먼지' 같은 작은 재능이라도 찾아야죠. 그것이 인생의 방향을 바꿔주는 조타수가 되어줄 겁니다.

레몬이 생기면
레모네이드를 만들어라

성공 비결은 핸디캡에 있다

카네기는 평생 성공한 사람들을 만났습니다. 그들의 이야기를 듣고 성공 비결을 기록했죠. 그가 찾은 성공 비결은 '우주와 같은 재능'이 아니었습니다. 오히려 재능과는 거리가 먼 '핸디캡'이었습니다. 생각해보면, 신기하게도 우리가 아는 위인들은 대부분 핸디캡을 지니고 있었습니다. 서점에 가서 아무 위인전이나 펼쳐도 금세 알 수 있죠.

베토벤은 우리가 알다시피 들을 수 없었습니다. 헬렌 켈러는 귀가 들리지 않을 뿐 아니라, 앞을 보지 못하고 말을 하지도 못했죠. 차이콥스키는 비극적인 결혼 생활에 좌절하고 자살의 문턱까지 갔습니다. 도스토옙스키는 도박과 노름, 정신착란에 시달렸고, 다윈은 어렸을 때부터 건강이 매우 안 좋았습니다. 링컨은 켄터키주의 작은 통나무집에서 태어났는데, 극심한 생활고로 인해 정규 교육조차 거의 받지 못했습니다.

위기와 시련이 사람을 어떻게 성장시키는지 보여주는 말 중에 이런 말이 있습니다.

"북풍이 바이킹을 만들었다."

바이킹이 당시 북유럽의 최강자가 될 수 있었던 이유는 척박한 환경에서 살아남아야 했기 때문입니다. 본래 강하게 태어난 것이 아니라 강해질 수밖에 없는 조건이 주어진 것이죠. 만약 그 사나운 북풍이 없었다면, 지금 우리가 아는 '바이킹'이라는 이름도 세상에 남지 않았을지 모릅니다.

여러분의 북풍은 무엇입니까? 저마다 자신만의 북풍은 존재합니다. 있습니다. 말하자면 핸디캡이죠. 그런데 카네기는 이것을 어떻게 나의 재능으로 만들 것인지 생각하라고 조언합니다. 앞에서 말한 먼지 같은 능력을 역순으로 훑어가며 찾아내는 과정과 맞닿아 있는 이야기입니다.

내가 만난 북풍, 나를 만든 시련

저에게도 북풍이 있습니다. 한 개가 아니라 몇 개나 있어요. 첫 번째는 감정에 쉽게 흔들린다는 점입니다. 제가 예전에 시험 준비를 했던 적이 있습니다. 함께 시험 준비를 하던 후배가 저에게 이렇게 말하더군요.

"선배처럼 감정적인 사람을 본 적이 없어요. 너무 감성적이에요. 사람이 좀 이성적이어야 수험 생활도 하고 시험 준비도 냉철하게 할 수 있는데, 이렇게 감정적으로 흔들리면 어떡해요?"

후배의 말은 저도 인정할 수밖에 없었습니다. 그런데 바로 이 북풍이 오늘의 저를 만들었다고 생각합니다. 저의 감성적인 재능을 오히려 극대화시킨 것이죠. 지금도 여전히 저는 이성적이기보다는 감성적인 면이 많습니다. 감정은 저의 레몬인데, 그걸로 '하와이 대저택'이라는 레모네이드를 만든 셈입니다.

또 하나의 북풍은 흙수저로 태어난 것입니다. 제가 성인이 되어 직장생활을 할 때 머릿속에서 떠나지 않았던 생각이 하나 있었어요. 경제적인 부를 생각할 때 제가 잘 먹고 잘살려면 어느 정도가 돼야 하는지가 아니라, 우리 가족과 양가 부모님까지 다 풍족하려면 어느 정도의 부를 이루어야 하는지가 기준이었습니다. 이것 역시 항상 저를 힘들게 했던 북풍이었습니다.

대출해서 빚까지 지고 1억 원 넘는 돈을 사기당한 일도 강한 북풍이었습니다. 그 당시 제 인생을 정말 뿌리째 뒤흔든 사건이었습니다. 그런데 바로 그런 일 덕분에 투자 공부를 제대로 하게 되었습니다. 제 삶의 이야기를 제 책《더 마인드》에 쓸 수 있었고요. 결국 이 모든 경험이 '하와이 대저택'을 가능하게 해주었습니다. 북풍이 제 삶에서 사라지는 일은 없을 겁니다. 그리고 지금도 현재 진행형입니다. 새로운 북풍을 맞으며, 오늘도 저는 저만의 북극성을 향해 나아가고 있습니다.

아무도 죽은 개를 걷어차지 않는다

새로운 일을 시도할 때, 누군가 공격하고 견제하고 비방한다는 건 여러분이 그럴 만한 가치가 있는 사람이기 때문입니다. 물론 누군가에게 비판을 받는다는 것은 힘든 일이죠. 그렇다고 그런 일 자체를 완전히 막거나 없앨 수도 없습니다. 결국 남는 것은 일어난 일에 대해 '나는 어떤 태도를 취할 것인가?' 하는 문제뿐입니다. 이에 대해 카네기는 아주 명쾌한 해답을 내놓습니다.

> 죽은 개를 걷어차는 사람은 없다.　　　　　　　　　　　　　— 252쪽

즉, 나를 비난하거나 헐뜯는 사람들을 보면, 이렇게 생각하면 됩니다.

'내가 꽤 위협적인가 보네. 역시 나는 성공하려나 보다.'

카네기는 또한 이렇게 덧붙입니다.

자신보다 성공한 사람들을 비난하면서 만족을 느끼는 천박한 사람들이 많다.

— 253쪽

누군가가 나를 자꾸 시기하거나 견제하고 뒷담화를 한다면, 그건 나를 끌어내려 자신의 수준에 맞추려는 행위일 뿐 그 이상도 이하도 아닙니다. 자기하고 동일선상으로 취급하고 싶어서죠. 자기 자신을 변하게 하거나 성장해서 위로 올라가려는 노력은 하기 싫고, 단지 그 자리에 있는 사람을 험담하며 끌어내리기란 얼마나 쉬운 일인가요.

우리가 취할 태도는 그냥 두는 겁니다. 일일이 반응하며 싸우거나 맞대응하는 것보다 에너지도 덜 들고 기분도 나쁘지 않습니다. 그러니 그런 사람들은 그냥 두세요. 내 소중한 에너지는 그런 사람들에게 쓸 만큼 저렴하지 않으니까요.

인생의 비상대책위원회을 가동할 때

작은 페이스 조절이 큰 생존력을 만든다

이 책을 읽고 책에 대한 통찰을 나누던 자리에서 한 분이 이렇게 질문하셨습니다.

"데일 카네기는 우울증에서 벗어나려면 어떤 때는 바쁘게 일하라고 하고, 또 어떤 때는 쉬라고 하잖아요. 도대체 어떻게 하라는 걸까요?"

카네기가 말한 것은 상반된 관점에서 한 말이 아닙니다. 일할 땐 일하고, 쉴 땐 충분히 쉬라는 의미입니다. 마라톤을 뛸 때 페이스 조절은 기본이잖아요. 42.195킬로미터라는 긴 거리를 뛰어야 하는데 페이스 조절을 안 하고 100미터 달리기하듯 뛰면, 1킬로미터도 가기 힘듭니다. 얼마 못 가서 심장에 무리가 오면서 쓰러질 수 있습니다. 실제 마라톤 선수들이 훈련할 때 가장 중점을 두는 부분이 바로 구간별 페이스 조절입니다.

앉아 있을 수 있을 때는 절대 서지 않는다

포드 자동차를 만든 헨리 포드는 미국에서는 '산업화'의 상징적 인물이죠. 이 사람은 철인인가 싶을 만큼 강철 같은 추진력을 보였습니다. 그런 포드가 휴식과 관련해서 이런 말을 했어요.

"앉아 있을 수 있을 때는 절대 서지 않고, 누울 수 있을 때는 절대 앉지 않습니다."

저 역시 이 원칙을 일상에서 적극 활용합니다. 삶이 마라톤이라면, 페이스 조절을 잘해야 하기 때문이죠. 내가 쓸 수 있는 에너지는 한정되어 있으므로, 가장 중요한 일에 먼저 써야 합니다.

저는 특별한 경우를 빼고는 하루에 하나 이상의 공식 일정을 잡지 않습니다. 이건 사람마다 다를 것입니다. 어떤 분은 하루에 서너 개의 일정도 너끈히 소화하는 반면, 제 경우는 그렇게 하면 에너지와 퍼포먼스가 급격히 떨어지니까요. 그래서 촬영이든 녹화든 강연이든 공식 일정은 하루에 하나만 진행합니다. 물론 글을 읽고 책을 쓰거나 회의를 하는 일상 업무는 계속합니다. 카네기도 비슷한 원칙을 강조했습니다.

> 만약 낮잠을 잘 수 없다면 저녁을 먹기 전에 단 1시간이라도 누워 있으려고 노력하라. 강장제를 먹는 것보다 비용도 적게 들 뿐 아니라 장기적으로 보면 무려 5,467배나 효과가 있다. 오후 5시에서 7시쯤에 1시간을 잘 수 있다면 하루에 깨어 있는 시간을 1시간 더 늘릴 수 있다. 왜 그럴까? 저녁 식사 전에 1시간과 밤에 자는 6시간을 합치면 7시간이다. 그렇게 7시간 자는 것이 8시간 연속으로 자는 것보다 낫기 때문이다. ─ 276쪽

이 말도 결국 페이스 조절과 관련이 있습니다. 우울증에서 벗어나기 위한 가장 좋은 방법 중 하나가 바로 정신없이 일에 몰두해서 사는 것이지만, 아무리 열심히 하더라도 반드시 1시간은 누워 쉬며 에너지를 재충전해야 한다는 뜻이죠, 카네기는 슈미트라는 사람의 사례를 들어 구체적으로 설명합니다.

> 다른 사람이 하루에 12.5톤을 옮길 때 슈미트는 무려 47톤을 옮겼다. 그 후에도 슈미트의 작업량은 줄어들지 않았다. 그가 다른 사람보다 훨씬 많은 일을 할 수 있었던 이유는 피로를 느끼기 전에 쉬었기 때문이다. 그는 1시간에 대략 26분을 일하고 34분을 쉬었다. 일하는 시간보다 쉬는 시간이 더 많았다. 하지만 그는 남보다 4배나 더 많이 일했다. 다시 한 번 말한다. 우리 몸에 심장이 그러하듯 피곤하기 전에 미리 쉬어라. 그러면 하루에 1시간씩 더 활동할 수 있다. ─ 277쪽

멀리 가고 싶고, 빠르게 달리고 싶을수록, 인생의 비상대책위원회가 작동할 때일수록, 우리는 쉬는 시간을 제대로 가져야 합니다. 앉아 있을 수 있을 때는 절대 서지 않고, 누울 수 있을 때는 절대 앉지 않는 원칙을 지키면서 말이죠.

하고 싶어? 그냥 해

평범하게 살아가던 중 어느 순간 마음에 불꽃이 튄다면, 인생의 비상대책위원회를 가동할 때입니다. 비대위가 활동하는 기간은 짧습니다. 길면 비대위가 아니죠. 딱 일정 기간, 비상대책위원회를 돌리는 것입니다. 말은 비대위라면서 5년, 10년씩 지속하면 너무 힘들고, 그 누구도 버티기 어렵습니다. 잃는 것도 너무 많아요.

인생의 비대위는 셀프 고립하는 시간입니다. 시간을 압축해서 집중하는 때이죠. 그때는 가장 중요한 목표만 남기고 나머지는 포기하거나 잠정 보류해 놓습니다. 그러나 지나치게 몰두해 나머지 모든 것을 죄다 날려버리면, 즉 중력권을 벗어나버리면 다시는 돌아오기 어려울 수 있습니다. 건강에도 무리가 오죠. 그래서 비대위를 발동하는 셀프 고립의 시간에는 정말 압축된 시간 속에서 밀도 있게 보내는 것이 핵심입니다.

그렇다면 비대위가 발동하지 않을 땐 어떻게 해야 할까요? 답은 간단합니다. 그냥 하면 됩니다. 바로 나이키의 유명한 문구처럼.

"Just do it!"

나이키는 처음부터 글로벌 브랜드가 아니었습니다. 시작은 일본 오니츠카 타이거(현 아식스) 신발을 미국에 들여와 판매하는 대행업체에 불과했죠. 하지만 오니츠카와 계약이 끝기자, 그동안 신발을 판매하며 쌓은 경험과 제품 개발 아이디어를 바탕으로 자신들만의 브랜드를 만들었죠. 이게 바로 나이키의 탄생입니다. 당시만 해도 독일의 아디다스, 일본의 아식스, 오니츠카 타이거 같은 쟁쟁한 거인들 사이에서 작은 신생 업체에 불과했어요. 그런데 10여 년의 치열한 도전 끝에 전 세계 최고의 브랜드 중 하나로 성장했습니다.

나이키가 전 세계 1위 스포츠 브랜드가 될 수 있었던 이유는 무엇이었을까요? 저는 마케팅 힘이 굉장히 컸다고 생각합니다. 특히 '저스트 두 잇'이라는 문구가 결정적이었죠. 수많은 마케팅 전문가와 학자들에 따르면, '저스트'라는 단어를 '두 잇' 앞에 넣은 것이 신의 한 수였다고 해요. 누구나 일상에서 쓰는, 힘도 없고 특별하지도 않은 단어 하나가 엄청난 파장을 불러일으킨 겁니다.

만약 '저스트 두 잇'이 아니라 단순히 '두 잇'이었다면 어땠을까요? 명령하는 것 같아서 거부감부터 들었겠죠. '렛츠 두 잇'이라고 했다면요? 그건 너무 평범해서 임팩트가 없었을 겁니다. 그렇다고 '플리즈 두 잇' 하기에도 어색했겠죠. 이제 'Just Do It'은 단순한 광고 문구를 넘어, 나이키의 브랜드 철학이자 상징이 되었습니다. 이제는 '그냥 해보라'는 뜻을 넘어 '두렵지만 그럼에도 도전하는 문화' 그 자체를 상징하게 된 것이죠.

비대위 기간에 '나만의 천재성'을 찾고, 재능을 발휘하며, 페이스 조절을 하면서 강도 높은 시간을 보내는 건 1년 정도가 적당합니다. 딱 1년만 미쳐보세요. 처음 한 번 제대로 밀어 놓으면, 오히려 시간이 지나면서 큰 힘 들이지 않아도 자연스럽게 굴러갑니다. 원래 멈춰 있던 것을 움직일 때가 가장 힘들잖아요. 하지만 한번 굴러가기 시작하면, 그다음부터는 가볍게 손끝만 건드려도 자연스럽게 나아갑니다.

셀프 고립에서 돌아오면, 이전보다 가족과 훨씬 더 많은 시간을 보낼 수 있을 뿐만 아니라, 성과는 오히려 압도적으로 높아져 있는 것을 실감하게 됩니다. 그러니 하고 싶은 일이 있다면, '그냥' 해보세요. '그냥'이라는 말이 얼핏 성의 없어 보이고 사소하게 느껴질 수 있지만, 사실 행동을 이끌어내는 가장 강력한 힘을 품고 있으니까요.

오직 행동만이 불안을 이긴다

이대로 살 수는 없었다

이 장의 마지막 부분에서는 삼단지 북클럽 라이브 방송 중에 자주 받았던 질문들을 골라 제 생각을 말씀드리려고 합니다. 우선 자주 받는 질문은 이것입니다.

"지금과는 다른 삶을 살고 싶은데, 어떤 것부터 시작하면 될까요?"

답은 독서입니다. 요리를 하려면 우선 냉장고에 식재료가 있어야겠죠. 차의 시동을 걸기 위해서는 연료통에 기름이 있어야 합니다. 책은 '식재료'이자 '연료' 역할을 합니다. 저는 투자 공부를 할 때 책을 최대 하루 2권씩 읽었습니다. 그것도 퇴근 후에요. 주말에는 5권씩 몰아서 읽었습니다. 그게 가능하냐고요? 저도 제가 그렇게 할 수 있을지 몰랐는데 하니까 되더라고요. 당시엔 투자 관련 경제 서적들, 자기 계발서를 주로 읽었죠.

그때의 제 마음은 마치 내일 시험인데 지금 공부를 하나도 안 해서 벼락치기를 하는 심정과 비슷했습니다. 해보신 분들은 아시겠지만, 벼락치기는 효율이 큽니다. 집중력이 엄청나게 올라가니까요. 그럼 도대체 왜 벼락치기를 하는 마음으로 독서를 했을까요? 매일 직장에서 스스로를 갈아 넣으며 일하는데, 자산은 모이지 않고, 나이만 먹어가고 있었기 때문입니다. 심지어 행복하지도 않았죠. 제가 원했던 삶이 아니었습니다. 시간은 화살처럼 날아가 곧 중년이 되고, 정년퇴직도 하게 될 텐데 심장이 툭 내려앉는 느낌이었습니다.

책을 읽어도 소파에서 편하게 읽는 게 아니라 펜 들고 각 잡고 읽었습니다. 수능 공부하듯 별표 치고 밑줄 그으면서요. 첫 페이지부터 마지막 장까지 모든 내용을 100퍼센트 힘주어 읽지는 않았습니다. 하지만 필요한 내용만 찾아서 읽는 발췌독을 하지도 않았습니다. 다 읽되, 스스로 덜 중요하다고 판단한 부분은 빠르게 지나가고, 중요한 부분은 더 집중해서 읽었습니다. '이대로 살 수는 없다'라는 절박한 심정이 있었기에 가능했습니다.

혼자서 길을 가는 용기

"성장하려고 나아갈 때 함께 가야 하는 사람이 저와 다른 성향일 때 어떻게 대처해야 할까요?"

답은 간단합니다. 그냥 혼자 하면 됩니다. 물론 친구나 배우자와 함께하면 좀 덜 외롭고 재미있게 할 수 있겠지만, 결국 내 인생은 내가 바꿀 수밖에 없고, 혼자만의 시간이 필요합니다.

하브 에커가 말했듯, 경제 청사진이 다르면 맞추는 시간이 오히려 오래 걸립니다. 예를 들어, 나는 경제 공부를 열심히 해서 부동산이나 미국 주식 등에 투자해 자산을 불려야 한다고 생각할 수 있습니다. 하지만 상대는 원금 손실을 걱정한 나머지 안전하게 가자고 반대할 수도 있죠. 또 경매를 배우고 임장을 다니며 마침 좋은 물건을 발견해 사자고 합의해 놓고도, 막상 계약하려고 하면 손이 떨린다며 하지 말자고 할 수도 있을 겁니다.

이런 일이 반복되면 갈등이 생길 수밖에 없습니다. 누군가와 함께하고 싶다면 충분히 대화를 나누는 단계는 무조건 거쳐야 합니다. 하지만 관점이 맞춰지지 않거나 오히려 관계가 더 악화된다면 혼자 진행해도 무방합니다. 대신 '작은 결과'를 상대에게 '자주' 보여주십시오. 그렇게 점진적으로 서로의 경제 청사진을 맞춰가는 것이 최선입니다.

결국 해보는 수밖에 없다

"퇴사 후에 불안하지 않으셨나요? 퇴사 후 원하는 일을 하려는 사람에게 해줄 수 있는 조언이 있을까요?"

하와이 대저택 유튜브 채널은 원래 계획했던 일이 아니었습니다. 파이어 후 하와이에서 아내와 둘이 고요한 행복을 만끽하며 살 계획이었죠. 그런데 아이가 생겼어요. 그래서 하와이행은 잠정적으로 보류하고, 그 대신 내가 가진 재능으로 무엇을 할 수 있을지 고민하며 시작하게 되었습니다.

유튜브를 막 시작했을 무렵에도, 저는 소위 '생계형 유튜버'가 아니었습니다. 사실 취미처럼 할 수도 있었죠. 그러나 그렇게 되면 유튜브뿐 아니라 제 삶 자체가 나태해질 것 같았습니다. 무엇보다 퇴직 후에 시작한 새로운 인생 챕터를 제대로 성공시키고 싶은 마음이 가장 컸습니다.

말을 이렇게 하지만, 사실 집안에선 난리가 났었습니다. 번듯한 직장을 때려치우고 유튜브라니, 말도 안 되는 얘기였죠. 반대가 극심했어요. 이미 유튜브는 레드 오션이라 안 된다고들 했습니다. 남들이 모두 반대한 길을 선택한 셈이었지만, 스스로 증명해 보이는 것 외에 그 어떤 방법도 없다는 걸 직감했습니다.

물론 저에게도 엄청나게 중요한 결정이었습니다. 극한 반대 속에서도 버틸 수 있었던 건 이 일을 해야만 하는 이유를 남에게 두지 않고 내 안에 두었기 때문입니다. 조금 하다가 "역시 안 되는 구나, 유튜브 어렵네"라고 그만두면 이후에 무엇을 하든 '한 번 포기했던 그 태도와 기억'이 앞으로도 계속 저를 따라다닐 걸 알았거든요.

타고 온 배는 불태워버리고 행동 또 행동

그때 저에게 힘이 되었던 저자는 이나모리 가즈오입니다. 일본 교세라의 창업자이자 제가 개인적으로 무척 좋아하는 저자인데요, 그 시기 제 좌우명은 이나모리가 말했던 "피 대신 생각이 흐르게 하라"였습니다. 인생 비대위를 가동하며 처음 1년간 정말 미친 사람처럼 했어요.

지금은 하와이 대저택 채널에 매일 아침 6시에 업로드가 되지만, 당시엔 업로드 시간이 7시였습니다. 그런데 새벽 4시가 넘도록 피피티를 만들었던 적이 많았습니다. 초반 유튜브 영상은 제가 다 피피티로 만들었거든요. 영상 편집이나 포토샵을 할 줄 몰랐기에, 제가 가장 잘할 수 있는 피피티로 영상을 만든 겁니다.

그러다 보니 분량이 어마어마하게 많았습니다. 피피티 슬라이드는 영상 하나당 200~300장 정도 만들었습니다. 한 장의 슬라이드마다 적게는 서너 개에서 많게는 수십 개의 효과를 넣었습니다. 그다음에 목소리를 먼저 녹음한 뒤, 스페이스를 눌러가며 피피티와 목소리의 싱크를 맞춘 것을 화면 녹화로 땄습니다. 이 과정을 모두 거치고 나서야 영상 편집 프로그램으로 편집을 시작했으니 새벽 4~5시를 넘기는 게 일상다반사였죠. 영상 전문가가 봤다면 아마 '비효율의 극치'라고 했을 겁니다. 너무 힘들어서 주저앉고 싶었지만, 거실 소파에 앉거나 눕질 못했습니다. 새벽에 혹여나 가족들이 그런 저를 보고 놀라거나 걱정할까 싶어서요. 그래서 화장실 바닥에 쭈그려 앉아 쉬면서 생각을 정리하다 나오곤 했습니다.

그러다가 어느 정도 채널이 성장하면서 영상 전문가들과 함께 일하게 되었고, 이제 더 이상 그때처럼 제가 직접 편집하진 않습니다. 그때의 저는 파부침주(破釜沈舟)의 마음이었습니다. '타고 온 배 안의 솥을 깨뜨리고 그 배는 가라앉힌다'라는 뜻입니다. 지금도 저는 '반드시 하겠다'라는 결단을 내리면, 플랜 B는 따로 만들지 않습니다. 뒤에 기댈 것을 만들어놓으면 당연히 기대고 싶어지는 것이 인간의 마음이니까요.

이렇게 몰입하고 결단할 때, 비로소 행동은 습관이 되고, 불확실한 미래도 스스로 개척할 힘이 생깁니다.

성찰의 대화

이 책에는 메이오 클리닉(Mayo Clinic)의 연구 결과들이 자주 나옵니다. 메이오 클리닉은 미국 내 병원 평가(U.S. News & World Report, 'Best Hospitals Honor Roll)에서 거의 매년 1위를 차지하는 병원입니다. 데일 카네기가 살았던 시기에도, 지금도 명실공히 세계 최고의 병원입니다.

이 메이오 클리닉에서는 당시 미국 기업 임원 100여 명을 대상으로 연구를 진행했다고 합니다. 이들의 평균 나이는 44.3세였고, 그중 3분의 1 이상이 심장병, 소화성 궤양, 고혈압 같은 치명적인 질환을 앓고 있었다죠. 조사 결과, 환자들의 절반은 자신의 병이 단순히 신체적 원인 때문이 아니라 자기 비하, 좌절감, 불안, 걱정, 두려움, 패배감, 절망 같은 감정에서 비롯되었다는 사실이 밝혀졌다고 합니다. 걱정이 인생에 얼마나 큰 폐해를 주는지 잘 알 수 있는 대목이죠. 이런 연구 결과를 보고 카네기는 그의 저서에서 묻습니다.

"이것이 성공의 대가인가?"

연구 대상자들이 스스로를 성공했다고 여겼다면, 그 대가일지도 모릅니다. 그러나 심지어 이들은 자신이 성공했다고 여기지 않았어요. 건강도 잃었고, 성공하지도 못한 삶이었죠. 이들은 결코 이런 삶을 원한

적이 없었을 겁니다(49쪽 내용 참조).

데일 카네기가 언급한 통계에 따르면, 2차 세계대전에서 사망한 미국인은 약 30만 명입니다. 그런데 걱정으로 인한 심장병(그냥 심장병이 아닌 걱정으로 인한 심장병) 사망자는 최근까지도 매년 80만 명에 달한다고 합니다. 우리는 병 때문에 죽는 게 아니라 걱정 때문에 죽는다고 말해도 과언이 아닐 듯합니다.

걱정은 건강하던 사람을 쓰러뜨리고, 없는 병도 만들어내며, 마음의 뿌리를 말려버립니다. 내 인생에 오렌지가 주어지길 원했는데 레몬이 떨어졌다고 걱정만 하고 계신가요? 레모네이드를 만들어서 좋은 가격에 파세요. 여러분은 스스로 생각하는 것보다 훨씬 더 큰 재능을 지니고 있습니다.

필사 문장

"우리는 어떻게 해서든지 지금부터 잠들기 전까지의 시간만을 살아야 한다. 그러므로 기꺼운 마음으로 그 시간을 살아가자."

— 30쪽

실천 질문

"오늘 하루를 잘 살기 위해 내가 할 일은 무엇입니까? 그 일을 어떻게 해낼 수 있었습니까?"

마음이 꺾였다고 계획이 끝난 것은 아닙니다. 꺾이지 않는 마음보다 중요한 것은 다시 세우는 것입니다. 의지가 꺾였을 때, 계획을 지키지 못했을 때, 스스로를 탓하기보다 가고자 했던 방향으로 그냥 다시 나아가세요.

나침반 도서: 《당신의 뇌는 변화가 필요합니다》(가비야 톨리키타, 이영래 옮김, 비즈니스북스, 2022)

나침반 4

생각의 회로를 리셋하다:
성공한 사람의 뇌는 다르게 작동한다

 ## 하와이 대저택의 편지

가비아 톨리키타(Gabija Toleikyte)의 《당신의 뇌는 변화가 필요합니다》를 처음 읽은 것은 2022년이었습니다. 한 해를 마무리하며 접한 이 책은 그 이후로 일곱 번을 더 읽었을 만큼 제게 깊은 울림을 주었습니다. 읽을 때마다 다른 통찰을 주었고, 순간순간 큰 힘이 되어주었습니다.

우리는 매번 야심 차게 다짐합니다. "이번엔 정말 달라질 거야", "진짜 반드시 해보자"라고 의지를 끌어올립니다. 하지만 한 달쯤 지나면 언제 그랬냐는 듯 다짐하기 전으로 되돌아갑니다. 그 과정에서 괜히 애꿎은 의지력을 탓하기도 합니다. 더 나아가 스스로의 능력이나 심지어 성품까지 의심하게 되죠. 그렇게 자존감이 무너지고, 변화에 실패하는 악순환이 시작됩니다.

왜 그럴까요? 인간이 본래 의지박약 그 자체여서일까요? 그렇지 않습니다. 가장 큰 이유는 우리 뇌가 그렇게 작동하도록 세팅되어 있기 때문입니다. 그렇다면 이런 뇌를 가진 우리가 어떻게 제대로 된 계획을 세우고, 목표를 이룰 수 있을까요? 만약 여러분이 매번 결심을 지키지 못하는 경험을 반복한다면, 의지력을 탓하기 전에 먼저 자신의 뇌를 들여다봐야 합니다. 절약, 투자, 금주, 금연, 다이어트, 공부, 자기 계발 그 무엇이든 마찬가지입니다. 데자뷔처럼, 악순환이 계속된다면 말이지요.

우리가 불안하고 두려운 이유는 사실 명확합니다. 잘 모르기 때문입니다. 외부 상황이나 타인의 마음을 잘 모를 때 우리는 어떻게 하나요? 상황을 파악하고 타인을 알아가는 과정을 거치면서 불안함과 두려움을 잠재우려 합니다. 그러나 정작 '내 안'에서 솟아나는 불안과 두려움은 쉽게 없어지지 않습니다. 왜일까요? '나'에 대해 파악하고 알아가려고 하지 않기 때문입니다.

그래서 '무의식을 성공할 수밖에 없도록 세팅하는 방법'을 뇌과학적으로 이해하는 것이 중요합니다. 아는 것과 모르는 것은 엄청난 차이를 만듭니다. '무의식을 세팅한다'는 말은 단순히 은유적인 표현이 아닙니다. 내 인생을 바꿀 수 있는 방법이 실제로 존재한다는 사실을 알고 해야 합니다. 그 방법을 과학적으로도 온전히 신뢰하게 된다면, 우리는 흔들리지 않습니다.

인생을 바꾸고 싶다면 현재 상태 값을 바꿔라

무의식의 지배 아래 사는 우리

아침에 눈을 뜹니다. 이를 닦고, 물을 마시고, 휴대폰을 확인합니다. 생각하기도 전에 몸이 움직이죠. 우리는 이런 행동을 '자연스럽다'라고 말합니다. 하지만 바로 이 자연스러움이, 우리의 삶이 얼마나 깊고 넓게 무의식의 지배를 받고 있는지를 보여주는 증거입니다. 우리 뇌는 에너지를 아끼기 위해 가능한 많은 일을 자동화합니다. 낯선 일을 할 때보다 익숙한 일을 할 때 훨씬 적은 에너지를 쓰거든요. 일종의 생존 전략인 셈입니다.

1952년, 미국의 의사이자 신경 과학자인 폴 맥린(Paul Donald MacLean)은 진화론적 관점에서 뇌가 3층 구조로 되어 있다는 '3중 뇌 이론(Triune Brain Theory)'을 발표했습니다. 가장 오래된 뇌부터 차례대로 '뇌간(Brainstem)', '변연계(Limbic System)', '신피질(Neocortex)'로 나뉜다는 설명이었죠. 물론 모든 학자가 이 개념에 동의한 것은 아닙니다. 심리학과 신경과학의 세계적 석학인 리사 펠드먼 배럿(Lisa Feldman Barrett)은 "3중 뇌 이론은 너무 오래되었고, 정교한 측정 장비와 의료기기가 즐비한 현재에 사용하기에는 유통기한이 이미 지났다"라고 지적하기도 했으니까요.

내가 반복하는 행동은 뇌에 회로를 만든다

그럼에도 불구하고, 저처럼 의학이나 뇌과학을 전공하지 않은 사람에게는 3중 뇌 이론이 여전히 큰 의미가 있습니다. '도대체 내 머릿속에서 지금 무슨 일이 벌어지고 있는가?'라는 질문을 직관적으로 이해할 수 있게 해주기 때문이죠. 가장 아래에 있는 1층 뇌는 뇌간으로, 흔히 '파충류의 뇌'라고 부릅니다. 심장 박동, 체온 유지, 수면, 갈증, 호흡처럼 생명 유지에 꼭 필요한 본능적인 기능을 담당하죠. 2층 뇌는 변연계로, '포유류의 뇌'라고 합니다. 감정과 사회적 관계를 다루며, 안정을 추구하고 고통을 피하려는 성향이 강합니다. 마지막으로 3층 뇌는 신피질로, 가장 늦게 진화한 '인간의 뇌'입니다. 이성적 사고와 판단, 자기 조절, 창의적인 일을 맡으며 미래를 계획하고 합리적인 선택을 내릴 수 있게 해줍니다. 비록 가장 늦게 진화했지만, 사용하는 에너지는 뇌 전체에서 가장 많습니다.

우리의 선택과 행동은 대부분 무의식적 뇌 회로에서 먼저 일어납니다. 기저핵같이 뇌의 깊은 곳에서 소위 '자동 반응'을 먼저 일으키면, 신피질은 뒤늦게 그 행동을 합리화하죠. 무의식이 운전대를 잡고 가는데, 의식이 옆에서 뒤늦게 '그래, 이 길이 맞아' 하고 고개를 끄덕이는 셈입니다.

출퇴근길을 떠올려보세요. 좌회전을 할지 우회전을 할지, 어떤 버스를 탈지를 매번 고민하지 않습니다. 이미 몸이 기억하고 있기 때문이죠. 이렇게 반복된 행동은 실제로 뇌 속에 새로운 회로, 즉 길을 만들고 이 길을 '자동'으로 오가게 합니다. 반복할수록 길은 더 넓고 평평해져서, 점차 제대로 된 도로가 됩니다. 그게 바로 습관입니다. 습관은 다음의 쉽고 짧은 공식으로 정리할 수 있습니다.

습관 = 무의식 + 반복 + 에너지 절약

뇌는 에너지를 아끼기 위해 습관을 만들고, 그 습관이 다시 내 삶을 이끌어 가는 것이죠. 무의식이 만든 길. 이것이 바로 습관입니다. 많은 자기 계발서가 "습관을 바꿔라"라고 말합니다. 맞는 말이지만 사실 저는 이 표현을 별로 좋아하지 않습니다. 당연하고 뻔한 말일 뿐이라서 그런 것도 있지만, 실제로 습관을 바꾸는 일이 결코 쉽지 않기 때문입니다. 습관이라는 단어는 어딘가 오랜 시간에 걸쳐 엄청난 의지를 발휘해야만 바꿀 수 있는 것처럼 느껴집니다. 마치 신체를 단련하고 정신을 굳게 다지면 에베레스트도 오를 수 있다는 말처럼요.

습관을 바꾸는 게 어려운 이유는 뇌에 '새 길'을 만들어야 하기 때문입니다. 기존에 잘 닦여 있는 고속도로를 이용하지 않고, 좁고 불편한 비포장도로로 가고자 하는 사람은 잘 없습니다. 그러니 '잠깐의 각성'이나 '순간적인 호기심'만으로는 방향을 틀기 어려운 것이죠.

새 길을 내는 데는 많은 에너지가 필요합니다. 새로운 루틴, 새로운 선택, 새로운 시선, 이 모든 것이 뇌에는 큰 부담이 됩니다.

3중 뇌 구조

층위	별칭	주요 기능	특징
1층 뇌 (뇌간, Brainstem)	파충류의 뇌	심장 박동, 호흡, 체온 유지, 수면, 갈증 등 생존 본능	가장 오래된 뇌, 본능적 자동 반응
2층 뇌(변연계, Limbic System)	포유류의 뇌	감정, 사회적 관계, 안정 추구, 고통 회피	감정 중심, 무의식적 성향 강함
3층 뇌(신피질, Neocortex)	인간의 뇌	이성적 사고, 창의성, 미래 계획, 자기 조절	가장 늦게 진화, 에너지 소비 가장 많음

그래서 우리는 대부분 기존 습관대로 같은 걸 반복합니다. 하루를 의식적으로 살아간다고 생각하지만, 실제로는 '자동 운전' 상태로 움직이는 경우가 많습니다. 익숙한 대화, 비슷한 반응, 같은 루틴 속에서 말이죠.

부정에 끌리는 뇌, 불안을 먹고 자라는 시스템

아무 일도 일어나지 않았는데 괜히 불안할 때가 있습니다. 실제로 무슨 일이 벌어진 것도 아니고 그럴 확률조차 낮은데, 심장은 두근거리고 머릿속은 안 좋은 상상으로 가득 차는 경험, 한 번쯤은 있지 않으셨나요?

이런 반응은 나약하거나 유난스러워서가 아닙니다. 우리의 뇌가 원래 그렇게 만들어졌기 때문입니다. 특히 감정을 총괄하는 '변연계'는 기본 세팅이 '부정 모드'입니다. 세상에 대해 자동으로 이렇게 속삭이죠.

"조심해, 뭔가 잘못될 거야!"

이건 단순히 비관적인 성격 탓이 아니라, 생존을 위한 안전장치였습니다. 석기시대에 "설마 위험하겠어?" 하고 풀밭을 느긋하게 산책하던 낙천적인 조상들은 맹수의 식사 메뉴가 되었을 겁니다. 반대로 매 순간 위험을 상상하며 불안해하던 사람들이 살아남아 우리의 조상이 되었죠. 오늘날 우리가 괜히 쓸데없는 걱정을 달고 사는 이유는, 결국 '공포라는 유산의 상속자'이기 때문입니다. 한마디로, 불안은 진화가 남긴 생존 보험이었고, 우리는 그 보험료를 지금까지도 꼬박꼬박 내고 있는 셈이죠.

문제는, 그 시절엔 실제 맹수가 있었지만 지금은 대부분 '상상 속 맹수'라는 겁니다. 그런데도 우리 뇌는 여전히 3만 년 전 매뉴얼 그대로 작동합니다. 이메일 한 통에 가슴이 철렁 내려앉고, 상사의 미묘한 표정 하나에도 긴장하는 이유가 여기에 있습니다.

뇌는 언제나 '나쁜 쪽부터' 스캔합니다. 좋은 일은 스쳐 지나가고, 불쾌한 감정은 고화질 4K로 저장해버리죠. 심리학자들은 이걸 '부정성 편향(negativity bias)'이라고 부릅니다. 뇌의 기본 세팅이 '부정 모드'니까요. 그래서 자주 이런 생각에 사로잡힙니다.

"괜히 시작했다가 망하면 어떡하지?"

"또 중간에 포기할 텐데 뭐 하려고 해?"

"난 원래 그거 못하는데……."

이건 단순한 게으름이 아니라, 뇌 속에 깔린 '위험 회피 앱'이 백그라운드에서 자동 실행되는 겁니다. 한번 두려움을 학습한 길은 다음부터 더 조심하게 만들고, 결국 가지 않게 만듭니다. 그렇게 회피 회로는 점점 강화됩니다. 우리는 지금도 맹수 없는 세상에서, 여전히 상상 속 맹수를 피해 살고 있는 것입니다.

뇌에 새로운 길을 내는 연습

우리 뇌의 가장 중요한 목표는 단 하나, 바로 생존입니다. 그래서 뇌는 에너지를 아끼고 익숙한 길을 고집하며, 안전지대 안에 머무르려 합니다. 하지만 아이러니하게도, 우리는 그와 정반대의 것을 원하죠. 변화를 갈망하고, 도전을 통해 성취를 얻고 싶어 합니다. 뇌는 안정을 원하고, 우리는 성장을 원합니다. 그렇다면 질문이 생깁니다.

"뇌를 어떻게 내 편으로 만들 수 있을까?"

바로 여기서 '신경가소성(neuroplasticity)' 개념이 등장합니다. 신경가소성이란, 뇌가 경험에 따라 새로운 연결을 만들고 기존 회로를 바꾸는 능력을 말합니다. 뇌는 습관을 사랑하지만, 동시에 끊임없이 배우고 적응하는 존재입니다. 애초에 습관이라는 것도 오랜 반복의 결과물이니까요. 새로운 자극을 주고 그것을 계속 반복하면, 뇌는 언제든 길을 새로 만들고 그 길을 내 편으로 넘어오게 할 수 있습니다.

우리 뇌 안에는 무려 천억 개에 가까운 신경세포, 즉 뉴런이 있습니다. 이 뉴런들은 전선처럼 서로 연결되면서 길을 만듭니다. 어떤 행동이나 생각을 반복하면 뉴런들이 연결됩니다. 처음엔 가느다란 실처럼 약하지만, 반복할수록 점점 튼튼하게 연결이 강화되죠. 피아니스트가 악보를 수없이 연습해 손가락이 저절로 움직이듯, 뇌도 결국 그 행동을 '자동모드'로 실행하게 되는 겁니다. 이게 바로 습관이 만들어지는 원리, 즉 뇌를 내 편으로 만드는 방법이죠. 반대로, 오랫동안 쓰지 않으면 그 전선은 끊어집니다. 사람이 다니지 않는 길은 금세 잡초로 덮여 사라져버리는 것처럼 말이죠.

뇌는 내가 '반복하는 것을 중요한 정보'라고 판단합니다. 그리고 그 방향으로 스스로를 최적화하죠. 그래서 "피곤해", "나는 안 돼", "나중에 해야지" 같은 말을 자꾸 반복하면, 그 말이 그대로 뇌에 회로를 만들고 결국 행동과 감정까지 그 틀에 맞춰 굳어집니다. 마찬가지로 불안을 자주 경험하면 아주 사소한 일에도 불안을 느끼게 됩니다. 불안이 학습된 것이죠.

뇌에 새로운 길을 내려면 의식적으로 '다른 길'을 내야겠죠. 새로운 길을 내려면 의식적으로 작게 시작해야 합니다. 뇌가 변화를 눈치채지 못할 만큼 작게요. 그래서 우리가 흔히 "할 거면 제대로 하자" 하며 원대한 계획을 세우고, 큰 액션으로 시작하면 대부분 3일도 못 가서 무너지는 겁니다. 뇌가 "너무 낯설다, 위험해!" 하고 스스로 브레이크를 걸어버리거든요. 크게 꿈꾸되 작게 시작해야 하는 이유입니다.

우리가 원하는 삶에 도달하기까지 수많은 선택을 해야 합니다. 작은 선택 하나라도 쌓이고 쌓이면 결국 삶의 방향을 결정짓습니다. 그래서 화나 짜증 같은 불필요한 감정 소모가 줄어들수록 더 좋은 선택을 할 가능성이 높아지죠. 작은 선택이라도 좋은 선택들이 모이면 조금 더 빨리 이뤄질 테고요. 그런데 항상 옳은 선택만 할 수는 없잖아요. 실수도 하고 최선 대신 차선을 선택하거나 혹은 최악을 선택할 때도 있죠. 내가 원하는 건 100 정도의 크기였지만 20만큼밖에 이루어지지 않기도 하고 아예 0이 될 수도 있습니다.

하지만 중요한 건 화내거나 남을 탓하는 것으로는 뇌가 조금도 달라지지 않는다는 것입니다. 그래서 저 역시 매일 의식적으로 이렇게 연습합니다.

"이건 100% 내 책임이다."

스스로 되뇌며 새로운 회로를 만들고 조금씩 강화해가는 것이죠.

"지금 여러분의 뇌는 어떤 길을 만들고 있나요?"

과거와 다른 내가 되고 싶다면, 오늘부터 아주 작게라도 안 하던 행동을 시작해야 합니다. 한 걸음, 또 한 걸음. 그렇게 걸어 나가면 잔디밭 위에 새로운 길이 만들어지듯, 뇌 속에도 새로운 길이 생겨날 겁니다.

원하는 삶을 만드는
뇌 작동법

뇌를 알면 삶을 설계할 수 있다

우리가 진짜 원하는 삶을 살기 위해서는, 우리 뇌가 어떻게 작동하는지 이해해야 합니다. 파충류의 뇌는 변화를 거부하고, 포유류의 뇌는 감정에 휘둘리게 만들며, 인간의 뇌는 장기적인 목표를 세우고 현명한 선택을 가능하게 합니다. 이런 뇌의 작동 원리를 이해한다는 것은 곧 '삶의 사용 설명서'를 아는 것과 같습니다. 내 안의 본능, 감정, 사고가 도대체 지금 왜 이렇게 날 힘들게 하는지 제대로 알게 되죠. 그제야 우리는 더 이상 무의식적인 습관과 감정에 끌려다니지 않고, 오히려 원하는 삶을 현실로 바꾸는 데 뇌를 활용할 수 있게 됩니다.

컬럼비아 대학교의 심리학자 쉬나 아이엔가(Sheena Iyengar) 교수의 연구에 따르면, 우리는 하루 동안 약 3만 5천 번에 가까운 선택을 의식적이든 무의식적이든 합니다. 아침에 일어나 샐러드를 먹을지 밥을 먹을지, 어떤 옷과 어떤 신발을 신을지, 횡단보도를 뛰어서 건널지 다음 신호를 기다릴지, 커피를 마실지 차를 마실지, 모두 선택의 순간입니다. 어떤 선택은 1초도 걸리지 않습니다. 물론 합리적으로 따져서 내리는 선택도 있지만, 대부분은 거의 자동으로 이루어집니다. 이런 '즉각적 반응'을 설명할 때 흔히 파충류의 뇌(뇌간)가 작동한다고 말합니다. 뇌의 가장 원시적인 부분이 생존을 위해 빠른 결정을 내리도록 돕는 것이죠.

파충류의 뇌는 생존만을 생각한다

파충류의 뇌는 "어떻게 살아남을 것인가?"만 고려합니다. 그것도 가능한 한 에너지를 덜 쓰는 방식으로요. 낯선 것은 위험으로 간주하기에 익숙한 일상이 반복되어야 안도감을 느낍니다.

"살아 있잖아. 어제 했던 그대로 해."

파충류의 뇌에 중요한 건 '지금보다 더 잘 사는 것'이 아닙니다. 단지 '지금처럼 살아 있는 것'이죠. 가장 빠른 길이 아니지만 늘 가던 길로 출근하는 사람을 떠올려보세요. 어제도 그 길을 택했고, 오늘도 같은 길을 선택합니다. 이유는 단순합니다. 어제 그 길로 무사히 도착했기 때문이죠.

이런 자동 반응은 우리를 편하게 해줍니다. 매번 숨을 쉴지 말지 고민한다면 얼마나 피곤할까요. 하지만 늘 좋은 건 아닙니다. 세상은 완전히 달라졌는데, 원시 인류의 생존 방식이 지금도 여전히 뇌 속에서 작동하고 있기 때문입니다. 더 나은 삶을 향한 도전, 불확실함, 새로운 시작 앞에서 파충류의 뇌는 경고합니다.

"위험하다. 하지 마라."

그래서 많은 사람들은 시작을 미루고, 변화를 피하며, 익숙한 것에 머무릅니다. 이는 의지가 부족하거나 게을러서가 아니라, 사실은 뇌가 우리를 보호하려는 방식일 뿐입니다.

포유류의 뇌는 늘 먼저 반응한다

우리가 어떤 감정을 느낄 때, 그 중심에는 포유류의 뇌(변연계)가 있습니다. 이 뇌는 생각보다 훨씬 빠르게 반응합니다. 예를 들어볼까요? 운전할 때 누가 갑자기 끼어들면, 상황을 제대로 파악하기도 전에 벌써 심장은 두근거립니다. 이는 '사고하는 뇌'보다 '감정의 뇌'가 먼저 반응했기 때문입니다.

돈 문제도 마찬가지입니다. 주식이 갑자기 폭락하면, 합리적으로는 '길게 보면 다시 회복할 거야'라고 생각하기 전에, 감정의 뇌가 먼저 '큰일 났다, 더 떨어지기 전에 팔아야겠다'라는 불안을 밀어 넣습니다. 과거에 손해봤던 기억이 감정의 뇌에 그대로 남아 있기 때문에, 비슷한 상황이 오면 자동으로 그 두려움이 다시 재생되는 거죠.

헬스장에서 운동할 때도 포유류의 뇌는 여지 없이 개입합니다. 지난번 무거운 바벨을 들다 허리를 삐끗했다면, 오늘 같은 동작을 하려 할 때 머리로는 '이번엔 괜찮을 거야'라고 생각하면서도 몸이 먼저 움찔하며 긴장하니까요.

이처럼 감정의 뇌는 과거의 기억을 강하게 저장하고 있다가, 비슷한 상황이 나타나면 훨씬 빠르게 경보를 울립니다. 마치 우리 안에 '자동 경보장치'가 달려 있는 것처럼 말이죠.

포유류의 뇌에는 아주 작은 아몬드 모양의 기관, 편도체(amygdala)가 있습니다. 이 친구가 바로 자동 경보장치 같은 역할을 합니다. 위험하거나 공포스러운 상황에서 이성적인 '인간의 뇌'가 관여하기 전에, 일단 감정이라는 경보를 울리는 거죠. 그래서 실제로 편도체가 손상되면, 공포나 불안 같은 감정을 제대로 배우거나 반응하지 못한다고 합니다.

하지만 중요한 건, 우리가 감정에 끌려다닐 수도 있지만, 반대로 그 감정을 지켜볼 수도 있다는 점입니다. 특정 상황에서 특정 감정에 자주 휘둘린다면 한 발짝 물러나 이렇게 생각해보세요.

'아, 지금 내 편도체가 위험하다는 신호를 보내고 있구나.'

'이건 실제 위험이 아니라 과거 기억이 만든 왜곡일 수 있겠네.'

이렇게 한 발짝 떨어져 바라보는 순간, 감정은 단순한 신호가 되고, 우리는 그 신호를 참고만 한 채 다른 선택을 할 수 있습니다. 결국 중요한 건, 내 삶을 움직이는 존재는 편도체의 경보가 아니라 내가 내린 결정이니까요.

'인간의 뇌'가 나를 설계한다

신피질, 즉 '인간의 뇌' 덕분에 우리는 인간다워졌습니다. '인간의 뇌'는 이성적으로 판단하고, 스스로를 조절하며, 미래를 설계하는 일을 담당하니까요. 덕분에 인간은 본능대로 살아가는 동물과 달리 '생각하는 동물'이 될 수 있었습니다.

하지만 문제는, 이 '인간의 뇌'가 파충류의 뇌와 포유류의 뇌에 비해 압도적으로 많은 에너지를 소모한다는 점입니다. 하루 종일 업무, 공부, 인간관계, 온갖 선택과 판단으로 뇌 에너지를 다 쓰면, 집에 돌아와서는 이미 방전 상태가 됩니다. 그래서 소파에 털썩 앉아 리모컨을 들고, 무심코 동영상을 틀고, 배달 앱을 켜게 되는 거죠. 이걸 두고 "내 의지가 약해서"라며 자책할 필요는 전혀 없습니다. 애초에 뇌가 그렇게 설계되어 있기 때문이니까요.

우리 뇌의 우선순위는 단순합니다. 생존이 먼저, 그다음은 안정, 맨 마지막이 변화와 성장입니다. 의지력이 부족해서가 아니라, 우리 뇌가 본래의 설계된 대로 잘 작동하고 있을 뿐이죠. 그럼에도 '인간의 뇌'가 특별한 이유 중 하나는 바로 '만족을 지연시킬 수 있는 능력' 때문입니다. 원하는 걸 지금 당장이 아니라, 미래의 더 큰 보상을 위해 참는 힘이죠.

이걸 보여주는 대표적인 사례가 스탠퍼드 대학교의 심리학자 월터 미셸(Walter Mischel) 교수가 진행한 '마시멜로 실험'입니다. 아이들에게 마시멜로 하나를 앞에 두고, 바로 먹지 않고 15분 동안 기다리면 하나를 더 주겠다고 했습니다. 어떤 아이들은 참지 못하고 바로 먹은 반면, 어떤 아이들은 손으로 자기 눈을 가리는 등 다양한 방법을 써서 유혹을 버텼습니다. 시간이 흐른 뒤 이 아이들을 추적해보니, 끝까지 기다린 아이들이 학업 성취도, 직업 성공, 인간관계 등 거의 모든 면에서 더 나은 결과를 보였습니다. 즉, '인간의 뇌'가 가진 만족을 지연시키는 능력이 결국 인생 전체의 성과를 좌우한 셈이죠(36쪽 내용 참조).

만족을 지연시키는 능력은 단순히 간식을 참는 힘이 아닙니다. 공부할 때 SNS를 닫는 힘, 건강을 위해 야식의 유혹을 뿌리치는 힘, 미래를 위해 소비 대신 저축하는 힘에 이르기까지 광범위하게 발휘됩니다. 이 부위가 활성화될수록 우리는 더 큰 그림을 그릴 수 있습니다. 목표를 세우고, 계획을 짜고, 감정을 조절할 수 있죠.

문제는 이 '인간의 뇌'가 상시 작동하지 않는다는 점입니다. 충분한 에너지가 공급되고, 컨디션이 뒷받침되어야 합니다. 그래서 "가장 중요한 일은 오전에 먼저 하라"는 조언이 설득력이 있습니다. 잠을 푹 자고 난 아침에는 에너지를 소모하기 전이고 불필요한 생각도 적기에 '인간의 뇌'가 결정권을 갖습니다. 반대로 저녁이 되어 피로도가 높아질수록 '파충류 뇌'와 '포유류 뇌'가 주도권을 가져갑니다. 저녁이 되면 뇌의 배터리가 소모돼서, 에너지 많이 먹는 '인간의 뇌'는 힘을 잃고, 대신 본능적이고 감정적인 뇌가 앞장서기 때문이죠. 온라인 쇼핑몰에서 밤에 결제율이 높아지는 것도 이와 무관하지 않습니다. 낮에는 '꼭 필요한 건 아니야'라고 참았던 마음이, 밤이 되면 '이 정도면 괜찮지 않나?'로 쉽게 바뀌는 것이죠. 이건 의지가 약한 것이 아니라 배터리가 떨어진 '인간의 뇌'가 퇴근했기 때문입니다.

그렇다면 '인간의 뇌'를 활성화하려면 어떻게 해야 할까요? 단기적으로는 환경을 조정하면 됩니다. 예를 들어, 밤에는 쇼핑 앱을 지우거나 스마트폰을 침실이 아닌 다른 장소에 두고 잠자리에 드는 식입니다. 아침에 알람을 듣지 못할 것 같아 불안하다면, 알람 시계를 따로 마련할 것을 권합니다.

장기적으로는 '인간의 뇌'를 내 편으로 만드는 연습이 필요합니다. 하루 10분, 그것도 어렵다면 5분이라도 생각을 정리하는 겁니다. 내가 어떤 삶을 원하는지 종이에 적고, 이를 현실로 만들기 위해 필요한 가장 작은 행동부터 시작합니다. 이렇게 꾸준히 쌓인 작은 행동이 결국 더 명확한 선택을 가능하게 하고 '인간의 뇌'가 쉽게 무너지지 않도록 지탱해줍니다.

울 시간이 있으면
비상 발전기를 사러 가라

꺾이지 않는 마음, '중꺾마'의 진짜 의미

"중요한 건 꺾이지 않는 마음이다."

일명 '중꺾마'는 2022년 스포츠계를 통해 확산된 격려의 표현입니다. 이 문장을 보고 가슴이 뛰었던 분들도 많을 겁니다. 의욕에 불타올라 "그래, 이번엔 절대 꺾이지 않겠어!" 하고 결심하셨겠죠. 그러나 현실은 좀 다릅니다. 운동을 시작하겠다는 다짐은 이틀을 못 넘기고, 다이어트는 회식 한 번에 무너지고, 책상 위의 계획표는 달력에 불과하게 남습니다. 익숙한 자책이 시작되죠.

"나는 왜 이렇게 의지가 약할까?"

"다른 사람들은 잘만 하던데, 나는 왜 안 되지?"

자책은 어느새 자기 비난으로 이어집니다.

"내가 원래 그렇지 뭐."

이렇게 우리는 결심 → 작심삼일 → 자책 → 자기 비난 → 무기력이라는 악순환에 빠집니다. 하지만, 정말 우리는 의지가 없는 사람들일까요?

꺾인 마음을 일으켜 세우는 힘

뇌과학적으로 보면, 의지는 '약한 것'이 아니라 '소모되는 것'입니다. 계획과 판단을 맡는 '인간의 뇌'는 에너지를 많이 쓰기 때문에 감정을 하루 종일 완벽히 통제하기는 어려워요. 그래서 갑작스러운 불안이나 분노 앞에서는 '인간의 뇌'가 미처 반응하기도 전에 '포유류의 뇌'가 먼저 작동합니다. 특히 '포유류의 뇌' 중 편도체는 '생존에 위협이 될지 모른다'라는 신호를 받으면 엄청나게 빠른 속도로 경보를 울립니다. 이때 전두엽이 개입하기 전에 몸 전체의 반응을 장악해버리기 때문에 소위 '편도체 납치'라고 합니다. 쉽게 말해, 뇌가 '이성 스위치'보다 '감정 비상벨'을 먼저 누르는 것이죠. 가비아 톨리키타의 말처럼 변화를 가로막는 것은 게으름이 아니라 '뇌가 선택한 생존 전략'인 셈입니다(26쪽 내용 참조).

결국 우리의 의지는 꺾이게 되어 있습니다. 중요한 건 꺾이지 않는 마음이 아니라, '꺾인 이후에 무엇을 하는가?'입니다. 결심은 금방 무너질 수 있지만, 무너진 걸 빠르게 회복할 수 있는 시스템을 갖추는 건 또 다른 이야기입니다.

하루는 총 86,400초입니다. 이 시간 동안 우리는 수많은 선택을 합니다. 우리가 하는 모든 선택은 '교환'의 형태를 띤다는 사실을 아시나요? 소파에 누워 SNS를 하는 데 1시간을 쓴다면, 그 1시간은 운동이나 독서, 휴식과 교환한 셈입니다. 오늘 하루는 내가 '무엇과 무엇을 교환하며 살았는가?'의 결과물입니다. 그래서 결심이 무너졌을 때는 무너짐을 복구할 행동을 미리 짜두는 것이 중요합니다. 예컨대, 새벽 기상에 실패했다면 자책과 비난에 사로잡히는 대신 "저녁에 20분 산책하자"라고 전환하는 것이죠.

루틴은 편도체 납치를 막아주는 최고의 보디가드입니다. 무언가를 계속 반복하면 '포유류의 뇌'가 조금씩 익숙함을 느끼면서 반항도 줄어드니까요. 그러니 질문을 이렇게 바꾸세요. "왜 나는 의지가 약할까?"가 아니라 "어떻게 하면 편도체가 날 납치하는 걸 줄일 수 있을까?"라고요.

마음이 꺾였다고 계획이 끝난 것은 아닙니다. 꺾이지 않는 마음보다 중요한 것은 다시 세우는 것입니다. 의지가 꺾였을 때, 계획을 지키지 못했을 때, 스스로를 탓하기보다 가고자 했던 방향으로 그냥 다시 나아가세요. 여러분은 이미 잘하고 있습니다. 뇌를 이해하기 시작했다는 것만으로도, 이 책을 읽고 있다는 것만으로도, 변화의 방향으로 걸어가고 있으니까요. 그리고 그 변화의 방향으로 실제로 걸어가는 사람은 정말 극소수에 불과합니다.

자책 대신 작은 루틴 하나를 시작하자

결심은 언제든 흐려질 수 있습니다. 원래 결심이라는 것이 그런 겁니다. 중요한 건 자책하지 않는 태도입니다. 자책은 뇌의 에너지를 엄청나게 소모시키는 감정입니다. 그렇다면 차라리 그 에너지를 루틴을 만드는 데 쓰는 게 좋지 않을까요? 루틴이란 '기분이 좋아서' 하는 것이 아니라, '기분과 상관없이' 행동할 수 있게 해주는 자동 장치입니다. 기분이 나빠도 산책을 시작하면 기분이 좋아지는 것처럼 말이죠.

더 강하게 결심하려 하지 마십시오. 그러다 쉽게 부러집니다. 대신 변덕스러운 감정에서 나를 지켜주는 루틴을 만들어야 합니다. 거창한 루틴은 필요 없어요. 도움도 안 됩니다. 지속할 수 있는 작은 행동이면 충분합니다. 아침에 딱 3분. 간단하게 하루 계획을 적는 것도 좋습니다. 오늘 할 일을 짧게 적는 그 순간, 뇌 속의 감정 회로는 차분하게 가라앉습니다.

결심이 무너졌다고 실망할 필요도 없습니다. 우리 뇌는 원래 그런 구조를 가지고 있으니까요. 하지만 우리에겐 또 한 번의 선택권이 있습니다. 그다음 행동을 설계할 수 있는 능력이죠. 결심이 무너질 때마다 "괜찮아. 다시 하면 되지"라고 스스로에게 말해보십시오.

어둠 속에서 울 것인가, 비상 발전기를 사러 갈 것인가

살다 보면, 내 뜻대로 되는 일이 없다고 느껴질 때가 있습니다. 계획은 엇나가고, 마음은 흐트러지고, 의지는 자꾸만 흔들리죠. 그럴 때 우리는 흔히 이렇게 말합니다.

"왜 나한테만 이런 일이 생기는 거야?"

하지만 탓하기만 해서는 아무것도 바뀌지 않습니다. 오히려 내 에너지만 깎아 먹을 뿐이죠. 베스트셀러 작가이자 백만장자인 창업가 그랜트 카돈(Grant Cardone)은 그의 저서 《10배의 법칙》(최은아 옮김, 부키, 2023)에서 이렇게 말했습니다.

"징징거리지 말고, 비상 발전기를 사러 가라." (원문은 "병신처럼 굴지 말고 예비발전기를 구해라.")

그가 말하는 '비상 발전기'란, 뜻밖의 정전에도 스스로 불을 밝힐 수 있는 힘, 곧 자기 주도성입니다. 대부분의 사람은 예기치 못한 일이 닥치면 자동으로 외부를 탓합니다. 날씨가 나빴다, 시스템이 엉켰다, 동료가 무능하다, 사회가 불공평하다, 운이 따라주지 않았다……. 끝도 없이 이유를 늘어놓습니다. 하지만 우리가 사는 세상은 원래 변수투성이입니다. 날씨처럼 시시각각 변하는 감정, 아무 예고 없이 들이닥치는 사건, 계획을 뒤엎는 돌발 상황. 이건 내 손으로 어떻게 할 수 없는, 통제 불능의 영역입니다.

그럼에도 시선을 '내가 지금 무엇을 할 수 있는가?'에 고정하는 순간, 혼돈은 기묘하게 멈춰 섭니다. 반면 외부를 탓하는 순간부터 뇌는 스스로를 보호하기 위해 비상경계 모드로 진입합니다. '포유류의 뇌'에 있는 편도체가 경보를 울리면, '인간의 뇌'로 가는 길목이 막히죠.

그 결과, 이성은 마치 전원이 내려간 컴퓨터처럼 순식간에 셧다운되고 맙니다. 생각은 멈추고, 계획은 증발하며, 선택의 여지는 사라집니다. 오직 본능만이 남아 몸을 지배하죠. 그래서 진짜 생존은 외부를 탓하는 데 있지 않습니다. "지금 내가 할 수 있는 건 무엇인가?"라는 질문만이 뇌의 스위치를 다시 켜고, 꺼져 있던 판단력을 불러내는 유일한 방법입니다.

삶의 정전은 누구나 겪을 수 있습니다. 외부를 탓하며 어둠 속에 있을 것인지, 비상 발전기를 사러 갈 것인지는 각자의 선택입니다. 결국 삶을 다시 움직이는 스위치는 내 손 안에 있어요. 여러분은 어떤 스위치를 누르시겠습니까?

목표를 시각화하라

생각이 곧 현실이 된다

생각하는 것과 실제 행동으로 옮기는 것은 또 다른 차원의 문제입니다. 이건 모든 사람이 다 공감할 겁니다. '원하는 무언가에 대해 생각은 많이 하지만, 막상 행동으로 옮기려니 그게 참 힘들다'라는 고민을 저도 자주 받았습니다.

하버드대학교 의과대 교수였던 스리니 필레이(Srini Pillay) 박사는 오랜 시간 동안 이 질문의 답을 찾고자 했습니다.

"생각하는 것이 도대체 실제 행동으로 어떻게 이어지는가?"

그는 오랜 연구 끝에 흥미로운 사실을 발견했습니다. 우리가 하는 모든 생각은 결국 말(언어)이거나 그림(이미지)인데, 그중에서도 '이미지로 상상'하는 것이 사람을 행동하게 만드는 가장 강력한 힘이라는 겁니다.

뇌과학적으로 보면, 우리가 '생각'이라고 부르는 것은 단순한 '전기 신호'에 불과합니다. 컴퓨터 회로 기판에서 스파크가 오가는 것과 비슷하죠. 그런데 단순히 머릿속에서 번뜩인 생각이 행동으로 이어지려면, 사고를 담당하는 회로와 행동을 담당하는 회로가 맞닿아야 합니다. 이때 그 두 회로를 이어주는 가장 강력한 매개가 바로 '상상'입니다. 뇌는 실제 경험과 생생한 상상을 크게 구분하지 않기 때문에, 상상은 행동의 시뮬레이션이자 출발점이 됩니다. 다시 말해, 우리가 행동을 시작하기 전 상상하는 순간부터 이미 뇌는 행동을 준비하고 있는 셈입니다.

상상은 행동 버튼이자, 미래의 강력한 예고편이다

필레이 박사의 연구에 따르면 상상을 행동으로 이어지게 만드는 가장 효과적인 방법은 바로 '생생하게 상상하는 것'입니다. 눈을 감고 사람들 앞에서 프레젠테이션하는 장면을 떠올려보세요. 손이 떨리나요? 청중들의 눈빛이 느껴지나요? 목소리가 나오지 않는 느낌, 혹은 자신감 있게 말을 이어가는 느낌까지 생생하게 감지되나요? 아마 심장 박동도 빨라졌을 겁니다. 실제 행동을 할 때와 거의 같은 뇌 영역이 활성화된 것이죠.

이것이 바로 이미지 트레이닝입니다. 운동선수들이 경기 전에 상상 훈련을 하는 이유도 여기에 있죠. 그래서 세계적인 운동선수들은 눈을 감고 수백 번, 수천 번 '머릿속 리허설'을 하며 몸과 뇌를 준비합니다. 연주자들도 마찬가지예요. 손가락을 실제로 움직이지 않아도, 머릿속에서 생생하게 상상한 연습이 무대 위 실수를 줄여줍니다.

하지만 모든 상상이 효과적인 것은 아닙니다. 뇌는 진짜라고 믿지 않는 상상엔 반응하지 않습니다. 필레이 박사의 실험에서 피실험자들은 손바닥을 바라본 채 손목을 15도 꺾는 상상을 했습니다. 15도는 실제 손목이 움직일 수 있는 각도이기 때문에, 상상만으로도 뇌의 해당 부위에 전기 신호가 감지되었습니다. 실제 손목을 15도 꺾었을 때와 정확히 동일한 부위였죠.

그다음으로 피실험자들에게 손목을 위로 90도 꺾는 상상을 하게 했습니다. 결과는 어땠을까요? 뇌에서는 그 어떤 전기 신호도 감지되지 않았습니다. 손목을 90도 꺾는 것은 신체 구조상 애초에 불가능했기 때문이죠. 즉 뇌는 '믿지 않는 상상'을 외면하며, 아무런 효과도 나타나지 않습니다.

반면, 상상을 하면서 강력한 감정을 느낀다면 뇌는 이를 실제라고 받아들입니다. 뉴런 회로가 형성되는 것이죠. 그래서 "목표를 시각화하라"는 조언은 뇌과학적으로도 충분히 타당합니다.

'상상하는 것이 현실이 된다'거나 '끌어당김의 법칙' 같은 자기 계발서의 문구가 단순한 허무맹랑한 이야기가 아닌 이유입니다. 다만 기존의 책들은 그 원리를 친절하게 설명하지 않았기에 많은 사람들이 그저 '자기 계발서들의 전형적인 멘트'로 받아들였을 뿐이죠.

상상은 공상이 아닙니다. 상상은 행동 버튼이고, 뇌의 정교한 시뮬레이션이며, 미래의 예고편입니다. 지금 무엇을 상상하고 있나요? 어떤 감정을 느끼고 있나요? 그리고 여러분은 그 장면을 진심으로 믿고 계신가요?

반드시 1인칭으로 상상해야 하는 이유

"행동은 생각이 아니라 상상에서 출발한다."

생각과 상상은 비슷해 보이지만, 뇌과학적으로는 전혀 다른 회로가 움직입니다. 필레이 박사의 연구에 따르면, 실제 행동으로 이어지게 만드는 건 생각이 아니라 상상입니다. 이 둘의 가장 큰 차이는 '감정'이 개입하는가, 그렇지 않은가입니다. 그래서 3인칭이 아니라 1인칭으로 상상해야 한다고 강조합니다.

상상은 감정을 동반합니다. 내가 무대 위에 오르는 모습을 1인칭 시점으로 떠올리면, 가슴이 두근거리고 손바닥에 땀이 차며

숨이 가빠집니다. 심장이 뛰는 그 순간, 뇌는 이미 '실행 중'이라는 신호를 보내며 행동을 리허설합니다.

1995년, 하버드대학교 의과대의 알바로 파스쿠알-레오네(Alvaro Pascual-Leone) 교수는 피아노 연습 실험을 진행했습니다. 한 그룹은 실제로 매일 피아노를 치며 연습했고, 다른 그룹은 건반을 누르는 모습을 머릿속에서 1인칭 시점으로 떠올리며 '상상 연습'을 했습니다. 결과는 놀라웠습니다. 상상만 한 사람들의 뇌 속에서도 실제로 연습한 사람들과 마찬가지로 손가락을 움직이는 뇌 영역이 활성화된 겁니다. 뇌가 현실과 상상을 구분하지 않고, 둘 다 '학습'으로 받아들인 것이죠.

상상은 뇌에 목적지를 입력하는 행위입니다. 무의식은 방향을 모른 채 떠도는 걸 싫어합니다. '내가 어디로 가고 싶은지'를 명확히 알려줄 때 뇌는 움직이기 시작합니다. 아직 현실이 아니라는 이유로 상상을 멈추지 마십시오. 현실이 되기 전에 상상하는 것이 현실을 바꾸는 가장 빠른 지름길입니다.

우리는 모두 자전거를 갖고 있다

2024년, '매니페스트(manifest)'는 케임브리지 사전이 뽑은 올해의 단어였습니다. 이 단어는 '바라는 것을 마음속에 생생히 그리면 현실이 될 거라고 믿는 것'을 뜻하는데요, 영국 출신의 세계적인 팝 스타 듀아 리파(Dua Lipa)가 "저에게는 매니페스트가 굉장히 중요해요(manifesting is a big thing for me)"라고 언급하면서 화제가 되었습니다.

흥미로운 점은, 우리가 머릿속으로 '목표'를 입력하고, 매 순간 그것을 느끼며, 실제로 일어나고 있는 것처럼 믿기만 해도, 뇌 속에서는 회로 재배치 공사가 시작된다는 것입니다. 이 공사를 통해 물리적으로 실제 그것을 경험한 사람과 거의 동일한 뉴런 구조를 갖게 되는 겁니다.

이 모든 것이 가능한 이유는 바로 '신경가소성' 덕분입니다. 앞에서도 설명했듯, 신경가소성이란 뇌가 경험하는 것에 따라 새로운 연결을 만들고 기존의 회로를 바꾸는 능력입니다. 예전에는 뇌세포가 스무 살 무렵 정점을 찍고, 그 뒤로는 줄어들기만 한다고 믿었습니다. 하지만 1990년대 뇌 영상 기술이 급격히 발전하면서 기존 통념은 완전히 무너졌습니다. 나이가 들어도 뇌는 여전히 회로를 새로 짜면서 사람을 변화시킬 수 있다는 사실이 밝혀진 것이죠. 단, 우리가 그 회로를 반복적으로 사용해주어야 합니다.

그런 점에서 신경 가소성은 자전거 타기와 닮은 듯합니다. 자전거를 가지고 있어도 자주 타야 능숙해지죠. 빨래 걸이로만 사용하면 평생 타지 못합니다. 톨리키타도 "신경가소성은 엄청나게 유연하기에 사용 여부, 빈도에 따라서 강화되기도 하고 악화되기도 한다"라고 말했습니다. 모든 사람은 뇌 안에 신경가소성이라는 고성능 자전거를 가지고 있지만, 모든 사람이 변화가 가능하냐 물으면 "예스"이기도 하고 "노"이기도 합니다. 있냐 없냐의 문제가 아니라 쓰냐 안 쓰냐의 문제이기 때문이죠.

많은 사람들이 몇 번 해보고 안 된다고 포기합니다. 하지만 사실 잘 안 되는 게 당연합니다. 안 하던 일을 금세 잘하는 게 더 이상합니다. 뇌에는 아직 그 일과 관련된 회로가 깔리지 않았으니까요. 반복을 통해 익숙하게 만들어야 합니다. 나이가 많아서, 기억력이 떨어져서 잘 안 되는 게 아니라 자주 반복하지 않아서 잘 안 되는 겁니다.

여러분의 뇌 안에 있는 그 자전거를 먼지 쌓인 채 방치할 건가요? 아니면 매일 조금씩 타보며 새 길을 만들 건가요? 미래는 거창한 비전이 아니라 구체적인 상상에서 시작됩니다. 매일 상상하는 사람은 매일 뇌의 회로를 더욱 견고하게 만드는 사람입니다. 단지 꿈을 꾸는 사람이 아니라 뇌과학적으로 준비된 사람으로 바뀌는 것이죠.

뇌의 설계도를
다시 만들자

뇌는 평생 성장한다

우리 뇌는 생각보다 훨씬 유연합니다. 현대 뇌과학은 인간의 뇌는 나이와 상관없이 평생에 걸쳐 성장할 수 있다는 것을 밝혀냈죠. 어떤 경험을 하느냐에 따라 새로운 회로를 만들고, 과거에 만들어진 길을 바꾸기도 합니다. 계속해서 '설계도'를 새로 그리는 셈입니다.

우리가 어떤 자극을 받고, 어떤 감정을 반복하느냐에 따라 뇌는 그것을 '기본 설정'으로 받아들입니다. 매일 같은 감정과 같은 행동을 되풀이하면, 뇌는 "이게 너의 삶이구나" 하고 착각해버리는 것이죠. 그래서 우리는 익숙한 패턴에 갇히기도 합니다. 하지만 반대로, 그 패턴을 깨고 새로운 습관과 사고방식을 꾸준히 심어주면, 뇌는 놀랍게도 그 역시 '기본값'으로 재설정해버립니다.

"변화는 뇌의 본능이며, 신경가소성은 우리를 구원하는 힘이다."

심리학자 톨리키타는 이렇게 말합니다. 즉, 뇌는 원래 변화를 좋아하는 기관입니다. 우리가 그 변화를 어떤 방향으로 이끌어주느냐에 따라, 삶이 완전히 다른 모습으로 펼쳐질 수 있는 것이죠.

부정적인 패턴을 뒤집는 한 가지 방법이 있습니다. 의도적으로 다른 회로를 만드는 것, 마인드셋을 리셋하는 겁니다. 만약 "나는 돈 관리에 약하다"라는 신념을 갖고 있다면 "나는 돈 관리를 조금 더 능숙하게 할 수 있다"라고 말하는 겁니다.

이건 단순한 동기부여가 아니에요. 같은 나이에 겉으로 보기엔 비슷한 일상을 사는 것 같아도, 누군가의 뇌는 매일 조금씩 퇴화하고, 또 누군가의 뇌는 매일 조금씩 진화합니다.

"이 나이에 그걸 어떻게 해?"

많은 사람들이 이렇게 말합니다. 하지만 뇌는 '그 나이에 그걸 할 수 있는지' 여부는 사실 관심도 없어요. 다만 뇌는 이렇게 물을 뿐이죠.

"이거, 계속할 거야? 아니면 멈출 거야?"

나이가 변화를 결정하는 게 아닙니다. 누군가는 70대에 피아노 건반 앞에 앉아 새로운 곡을 배우고, 또 누군가는 20대에 이미 멈춰버리니까요. 실제로 독일과 스위스 연구자들이 121명의 노인들을 대상으로 진행한 공동 연구에 따르면, 매일 새로운 악기나 새로운 언어를 익힐 때 뇌의 해당 부위가 뚜렷하게 활성화된다는 것을 발견했습니다. 반대로 아무런 자극도 주지 않은 대조군의 뇌는 빠른 속도로 위축되었죠.

중요한 건 나이도 과거도 지금까지 이룬 성과도 아닙니다. 지금까지 어떻게 살아왔는지는 뇌에 별로 중요하지 않아요. 뇌에게 중요한 것은 지금 내가 무엇을 반복하고 있는가입니다. 지금의 반복이 내일의 뇌를 만들고, 내일의 나를 만들며, 더 나아가 내일의 삶을 만들어갑니다.

두려움의 폭주를 잠재우는 감사

뇌를 바꾸는 일, 삶을 바꾸는 일은 대단한 변화에서 시작되지 않습니다. 아주 단순하고 반복적인 행동 하나가 뇌 전체의 기류를 바꿔놓기도 하죠. 그중 강력하고도 간단한 훈련이 하나 있습니다. 바로 '감사'입니다. 가비아 톨리키타도 "감사는 뇌의 화학작용을 변화시킨다. 감정의 폭주를 진정시키는 가장 강력한 약이 바로 감사다"라고 말했습니다. 우리가 진심으로 "감사하다"라고 느낄 때, 뇌는 실제로 '안정'이라는 신호를 켭니다. 도파민과 세로

토닌 같은 신경전달물질이 분비되면서 마음이 차분해지고, 세상과 다시 연결된 듯한 안정감이 찾아오죠(296~297쪽 내용 참조). 특히 요즘처럼 쉽게 감정이 흔들리고, 무기력이나 외로움이 일상이 되기 쉬운 시기에는 그 효과가 더 강력합니다. 그리고 다행히도 '감사해보기'는 전혀 어렵지 않습니다.

"오늘은 따뜻한 햇볕을 받으며 산책했다."

"오랜만에 가족과 저녁을 같이 먹었다."

"내가 좋아하는 책을 다시 꺼내 읽었다."

처음에는 억지로 쓰는 느낌이 들 수도 있습니다. '감사할 일이 뭐가 있다고' 싶을 수도 있죠. 하지만 그건 뇌가 아직 익숙하지 않아서 그렇습니다. 며칠만 지나면, 뇌는 점점 감사의 장면을 찾기 시작할 거예요. 그때가 바로 뇌의 '회로'가 바뀌는 순간인 겁니다.

그럼에도 여전히 이런 생각이 들 수 있어요.

"매일 감사할 일이 뭐가 있나요?"

그러나 중요한 것은 감사할 일이 있어서 감사하는 게 아니라 '감사하기로 했더니 보이기 시작했다'라는 메커니즘을 이해하는 것입니다. 이 지점을 눈치 채야 합니다. 우리 마음속에는 부정 회로와 긍정 회로가 나란히 존재합니다. 내가 어떤 회로에 더 많은 주파수를 맞추느냐에 따라 하루와 삶이 달라집니다. 그리고 감사는 바로 그 주파수를 조정하는 가장 부드럽고 확실한 방식입니다.

우리는 저마다 다른 세상에서 살고 있다

우리는 모두 같은 세상에 살고 있다고 생각하지만, 사실은 각자 완전히 다른 세상에 살고 있습니다. 외과 의사이자 베스트셀러 작가인 돈 미겔 루이스(Don Miguel Ruiz)는 아들 돈 호세 루이스(Don Jose Ruiz)와 출판사 공동 창립자 재닛 밀스(Janet Mills)와 함께 쓴 저서 《이 진리가 당신에게 닿기를》(노윤기 옮김, 페이지2, 2022)에서 이 말이 무슨 말이고 어떤 의미를 갖는지를 다음과 같이 탁월하게 표현합니다.

> 거울의 안쪽에 보이는 것들은 실재가 반영된 이미지들이며 그 이미지들은 가상의 현실이다. 그것은 꿈과도 같다. 그리고 그것은 인간의 뇌가 깨어 있는 상태에서 꾸는 꿈과 정확히 같은 방식으로 작용한다. 거울 속에 나타나는 이미지는 당신의 눈과 두뇌가 창조한 두뇌 속 현실과 다를 바가 없다. 마음속에 창조한 당신 세계의 이미지는 당신이 어떻게 현실을 인식하는지를 나타낸다. 똑같은 거울로 보더라도 개가 보는 것은 개의 뇌가 세상을 인식한 모습이고, 독수리가 보는 것은 독수리의 뇌가 세상을 인식한 모습이다. 당신이 인식한 세상 또한 다르다.
>
> —《이 진리가 당신에게 닿기를》, 57~58쪽

각자 다른 '인지 필터'를 통해 세상을 본다는 의미입니다. 인지 필터가 비관적일수록 세상은 왜곡되어 보입니다. 그리고 인지 필터는 신념과 밀접하게 연결되어 있습니다. 사람마다 경제적·정치적·종교적 신념 등이 모두 다르기 때문입니다. 이에 대해 돈 미겔 루이스는 다시 한번 날카로운 통찰을 보여줍니다.

> 이제 거울 대신 자신의 눈을 들여다본다고 생각해보자. 눈은 눈 밖에 존재하는 수백만 개의 물체에서 반사되는 빛을 인식한다. 태양은 온 세상에 빛을 보내고 물체들은 그 빛을 반사한다. 수십억 개의 광선이 온갖 곳에서 나와서 눈으로 유입되고, 눈에서 물체의 이미지들을 구성한다. 당신은 눈앞의 물체들을 보고 있다고 생각하지만 실제로 보고 있는 것은 눈에 유입된 빛뿐이다. 거울에 세상이 반영되듯 당신의 인식체계에도 세상이 반영된다. 하지만 둘 사이에는 중요한 차이가 존재한다. 거울 뒤에는 아무것도 존재하지 않지만 당신의 눈 뒤에는 세상을 이해하고자 하는 두뇌가 존재한다. 당신의 두뇌는 당신이 인식한 모든 것을 해석한다. 당신이 세상의 모든 기호에 부여한 의미에 따라, 당신이 사용하는 언어의 구조를 매개로, 당신의 마음속에 새긴 지식에 의거하여 해석한다. 당신이 인식한 모든 것은 당신의 총체적인 신념체계를 통해 재구성된다. 당신이 믿는 모든 것을 동원하여 당신이 인식하는 모든 것을 해석한 결과는 당신 자신만의 꿈이다. 이것이 당신의 마음속에 하나의 가상현실이 만들어지는 과정이다.
>
> —《이 진리가 당신에게 닿기를》, 58~59쪽

만약 여러분이 "사람들은 사실 다 불행하거나 우울하지만 마지못해 사는 거다"라는 내적 신념을 가지고 있다면, 길거리로 나가자마자 짧은 시간 안에 불행하고 우울한 사람들이 엄청나게 눈에 많이 들어올 겁니다. 반대로 "세상에는 행복하고 의미 있게 사는 사람들이 엄청나게 많다"라는 내적 신념을 지니고 있다면, 거리에 나가 10분도 안 돼서 행복하고 의미 있게 사는 사람들을 더 많이 볼 수 있을 겁니다.

진실은 무엇일까요? 둘 다 맞습니다. 세상에는 행복한 사람도 많고 불행한 사람도 많습니다. 중요한 것은 내가 어떤 필터를 끼고 세상을 바라보는지, 특히 경제적·재정적 관점에서 어떤 필터를 가지고 있는지를 자각하는 것입니다.

우리가 어떤 장면을 바라볼 때, 사실 뇌는 단순히 '하나'만 보는 게 아닙니다. 눈을 통해 들어오는 정보의 양은 매초 수백만에서 수천만 비트에 달합니다. 하지만 의식이 받아들이는 건 그중 아주 작은 조각뿐이죠. 결국 뇌는 마치 필터를 장착한 카메라처럼, 내가 가진 감정과 믿음에 맞는 부분만 확대해서 보여줍니다. 그래서 불행한 사람 눈에는 불행한 사람이, 행복한 사람 눈에는 행복한 사람이 보이는 거죠.

우리 뇌에는 '망상활성화체계(RAS: Reticular Activating System)'라는 시스템이 있습니다. 주의를 기울여야 할 정보를 필터링해서 중요한 것에 집중하게 하죠. 신발을 사야겠다고 생각하면 사람들이 신은 신발만 보이고, 머리를 다듬어야지 생각하면 사람들의 헤어스타일만 눈에 보일 겁니다. 유치원에서 수십 명의 아이들이 동시에 떠들고 있지만 내 아이의 목소리만 선명하게 들리는 것도 바로 망상활성화 체계 덕분입니다. 결국, 우리가 어떤 것에 집중하느냐에 따라 눈앞에 펼쳐지는 세상은 달라집니다.

우리 뇌는 매일 바뀌고 있다

우리가 세상을 볼 때는 그냥 눈으로만 보는 게 아닙니다. 뇌 속에 있는 인지 필터, 그리고 망상활성화체계(RAS)가 먼저 무엇을 볼지 '편집'하죠. 이 편집은 결국 우리의 마인드셋으로 이어집니다.

스탠퍼드대학교의 심리학자 캐롤 드웩(Carol Dweck) 교수는 이 마인드셋에 관한 획기적인 연구를 했습니다. 그녀의 연구에 따르면, 고정형 마인드셋을 가진 사람은 지능이나 재능, 성격이 이미 정해져 있고 바뀌지 않는다고 굳게 믿습니다. '나는 원래 이런 사람이라 바뀔 수가 없어'라고 생각하는 거죠. 저 역시 과거에는 그랬습니다. '나는 직장인 체질이야. 평생토록 직장이나 잘 다녀야 해. 주식이나 사업 같은 걸 할 성향이 아니야'라고 생각했죠. 지금 돌아보면, 스스로를 가둔 완벽한 결정론자였어요.

그렇다면 고정형 마인드셋은 평생 변하지 않을까요? 그렇지 않습니다. 뇌는 변화를 좋아하는 기관이에요. 신경가소성 덕분에 뇌는 나이가 들어도 얼마든지 새로운 연결을 만들 수 있습니다. 굳어 있던 사고 회로도 다시 살아나 활발하게 연결될 수 있고 완전히 다른 삶을 살 수 있는 거죠. 현재의 제가 그 증거입니다.

성장형 마인드셋을 서서히 장착해 나가자, 정말로 세상이 다르게 보였습니다. 은유적 표현이 아니라 정말 그랬어요. 안주하던 제가 새로운 일에 도전했고, 정말 죽고 싶을 정도로 힘들었던 순간에도 포기하지 않고 반복하다 보니 결국 해낼 수 있었습니다. 심리학에서 말하는 자기 충족적 예언(self-fulfilling prophecy)처럼, "된다"라고 믿으니 정말 그렇게 되어버린 거죠.

그래서 지금 이 글을 읽는 여러분께 꼭 드리고 싶은 말이 있습니다. 일이 잘 안 풀리는 것 같아도, 꿈이 점점 멀어지는 것 같아도, 지금 이 순간 인생에서 가장 중요한 단 하나에만 집중하세요. 아무리 큰 벽처럼 보여도 자신에게 이렇게 말해보시기 바랍니다.

"한 번에, 하나씩."

여러분이 어디에 주의를 기울이느냐에 따라, 뇌는 그에 맞춰 회로를 새롭게 짜고, 결국 여러분의 현실은 달라질 겁니다.

성찰의 대화

"어떤 이는 스물다섯에 죽고, 일흔다섯에 묻힌다."

흔히 인용되는 이 구절은 단순한 수사적 표현이 아닙니다. 실제로 많은 사람들이 살아 있으되, 깨어 있지 못한 채로 하루하루를 흘려보내니까요. 젊은 날에 품었던 열정, 변화에 대한 갈망, 도전에 대한 꿈이 두려움 앞에서 조금씩 꺾이고, 결국 아무것도 하지 못한 삶으로 수렴되죠. 살아 있지만 살아 있지 않은, 움직이지만 앞으로 나아가지 않는 삶. 그런 삶이야말로 '스물다섯에 이미 죽은 삶'이 아닐까요?

어쩌면 우리 모두, 그런 시기를 한 번쯤은 지나왔을지도 모릅니다. 바쁘고 정신없고, 하루는 빠르게 흘러가는데 정작 남는 게 없다는 그 느낌, 익숙하지 않으신가요?

영화 <오픈 유어 아이즈(Open Your Eyes)>의 제목처럼, 우리에게는 '존재한다'가 아닌 '깨어 있다'라는 감각이 필요합니다. 눈꺼풀을 뜨고 있다고 해서 진짜 깨어 있는 건 아니니까요. 마인드가 깨어 있어야 삶이 변합니다. 깨어 있지 않으면 가능성도, 질문도, 변화도 보이지 않습니다. 여전히 걷고, 일하고, 대화하며 살아가겠지만 더 이상 살아 있진 않은 상태, 무표정한 좀비인 '워킹데드'와 다를 바 없습니다.

반대로, 나이가 들어도 여전히 배우고, 질문하고, 해본 적 없는 걸 시도하는 사람들이 있습니다. 그런 이들은 70대에도 오히려 20대보다 더 빛나 보입니다. 뇌는 쓰면 깨어나고, 배우면 연결되고, 질문하면 확장됩니다. 문제는 나이가 아니라 '깨어 있으려는 의지'입니다.

벤저민 프랭클린은 매일 자신에게 두 가지 질문을 던졌습니다. 아침에는 "오늘 나는 무엇을 할 것인가?", 저녁에는 "오늘 나는 무엇을 잘했는가?" 이 두 질문이야말로 그가 '살아 있다'는 것을 증명하는 방식이었는지도 모릅니다. "하루하루가 다 똑같고 사는 게 재미없다"라는 말은 "오늘 깨어 있지 않았다"라는 말과 다르지 않습니다. 반대로, 깨어서 감각적으로 살아낸 하루는 반드시 흔적을 남깁니다. 그러니 꼭 기억해주십시오. '살아 있다'는 말의 진짜 의미는 '깨어 있는 것'이라는 사실을.

오픈 유어 아이즈.

필사 문장

"새로운 습관 형성의 첫 번째 규칙은 '새로운 일은 아침이나 휴식 직후에 하라'가 되어야 한다." — 29쪽

실천 질문

"내가 새롭게 만들고 싶은 습관은 무엇인가요? 아침 5분을 활용한다면, 어떤 작은 규칙을 세울 수 있을까요?"

숨만 쉬며 존재하길 바라는 사람은 없을 겁니다. 그냥 사는 게 아니라 '잘 살기'를 바라죠. '잘 산다'는 건 '잘'이라는 말과 '산다'라는 말이 합쳐진 것입니다. 단순히 살아가는 것은 동물이나 식물도 합니다. 하지만 '잘 산다'는 감각은 오직 인간만이 가질 수 있습니다. 잘 살기 위해서는 생각해야 하고, 사유해야 합니다. 이것이야말로 인간이 가진 가장 본질적이면서도 고귀한 특성이며, 그렇기 때문에 인간은 고통을 느끼고 의미를 부여할 수 있는 존재인 것이죠.

나침반 도서: 《당신의 인생이 왜 힘들지 않아야 한다고 생각하십니까?》(아르투어 쇼펜하우어, 김욱 옮김, 포레스트북스, 2023)

나침반 5

삶의 주도권을 내 손에 쥐다:
내 삶을 바꿀 수 있는 사람은 나밖에 없다

하와이 대저택의 편지

아르투어 쇼펜하우어(Arthur Schopenhauer)의 철학과 이론 구조를 100 퍼센트 온전히 이해한다는 것은 매우 어렵습니다. 평생을 철학만 연구한 철학자라 하더라도 그의 사상을 완벽히 꿰뚫기는 쉽지 않을 겁니다. 저 역시, 100퍼센트 이해할 필요는 없다고 생각합니다. 우리가 쇼펜하우어의 책을 읽는 이유가 그의 철학을 완벽하게 이해하거나 세계적인 저널에 논문을 쓰기 위해서가 아니기 때문입니다.

정말 중요한 것은 18세기와 19세기에, 우리나라에서 1만 킬로미터 넘게 떨어진 곳에서 살았던 한 철학자의 보석 같은 통찰을, 21세기를 살아가는 우리의 삶 속에 가장 알맞은 형태로 흡수하는 일입니다. 그것이야말로 책 속에 담긴 통찰을 제대로 소화하고 체득하는 방법입니다. 아무리 쇼펜하우어의 이론을 꿰뚫고 있다고 해도 내 삶에 맞게 '커스터마이징(customizing)' 하지 못한다면 그게 무슨 의미가 있을까요?

우리는 모두 자신이 원하는 것을 이루며, 원하는 삶을 살아가기 위한 여정을 걷고 있습니다. 어느 날 갑자기 《당신의 인생이 왜 힘들지 않아야 한다고 생각하십니까?》 같은 책을 혼자 읽고, 거기서 얻은 통찰을 곱씹어 정리한 뒤 곧장 삶에 적용하기란 쉽지 않을 것입니다. 그러나 같은 고민과 같은 결을 가진 사람들이 함께 읽고, 함께 생각하고, 함께 정리한다면 그 과정은 훨씬 수월해지고 심지어 즐거운 경험이 될 것입니다.

흔히 쇼펜하우어를 절망과 고통을 이야기한 철학자라고 합니다. 맞는 말입니다. 다만, 저는 그가 말한 절망이 '궁극적인 희망'이라고 생각합니다. 고통이 완전히 사라져야만 아픔이 끝나는 게 아니라, 그 아픔의 끝에서 새로운 시선과 가치관을 얻어 전혀 다른 삶을 살아갈 수 있다고 말하기 때문입니다.

제가 여러분에게 자주 전하고 싶은 말이 있습니다. 그것은 바로 '욕망하라'는 것입니다. 쇼펜하우어 역시 인간의 모든 활동은 '욕망을 성취하고자 하는 의지의 표현'이라고 했습니다. 그러니 욕망하세요. 더 많이 욕망하십시오. 성공하지 못한 대부분의 이유는, 애초에 성공을 욕망하지 않았기 때문입니다.

더 욕망하라,
새로운 나를!

쇼펜하우어를 읽는 법

쇼펜하우어의 책을 처음 읽은 분들은 '너무 부정적인 게 아닌가?' 하는 생각을 하셨을지도 모릅니다. 이해하기 어렵다거나 공감이 되지 않는다고 느낀 분도 있을 겁니다. 반대로 인생과 맞닿은 통찰을 발견해 반가움을 느끼거나, 어렵기에 더 깊이 파고들고 싶다는 의욕이 생긴 분도 있을 겁니다. 한 철학자의 글은 이처럼 각자 삶에 따라 다양하게 읽히는 것이죠.

이 책의 부제는 '쇼펜하우어 아포리즘'입니다. 아포리즘의 사전적 정의는 "깊은 진리를 간결하게 표현한 말이나 글, 격언·금언·잠언·경구를 이루는 말"입니다. 즉, 이 책은 쇼펜하우어의 여러 저서와 기록 속에서 '엑기스'만을 뽑아 엮은 것입니다.

쇼펜하우어는 1788년에 태어나 1860년까지 살았습니다. 그를 가리켜 흔히 '고통의 철학자' 또는 '절망의 철학자'라고 합니다. 그러나 그가 말하는 고통과 단순히 염세적으로 세상을 바라보거나, 세상을 부조리하고 의미 없는 곳으로 치부하는 태도와는 완전히 다릅니다. 역설적으로 인생에 대한 강한 의지와 집요한 통찰이 보인다고 할까요. 오히려 "인생을 저주했던 옛 철학자의 독설이 우리 안에 감춰진 열망과 투지를 일깨워"주는 것 같습니다. 우리가 책을 읽는 목적도 '우리 안의 무언가'를 깨우기 위해서가 아닐까요? 원하는 삶을 이루기 위해, 성장하기 위해서 말입니다.

고통의 본질

쇼펜하우어는 이렇게 말했습니다.

> 당신이 삶에서 아주 작은 기쁨이라도 느끼고 싶다면 당신은 이 세계에서 가치 있는 사람이 되어야 한다. ― 4쪽

여러분은 자신이 가치 있는 사람이라고 느끼나요? 잘 모르겠다면 스스로와 어떤 대화를 나누고 있는지 돌아보면 됩니다.

'나와 대화를 하라고? 아니, 내가 난데, 그게 가능해?'

이런 생각을 하는 분도 있을 텐데요, 옆에 누군가를 앉혀두고 대화한다고 상상해보는 겁니다. 신기하게도 실제 대화처럼 이어집니다. 예를 들면 이런 거죠.

"요새 뭐가 힘들어?"

"회사 생활이 너무 힘들어."

"회사 생활이 왜 힘든데?"

"인간관계 때문이지."

"인간관계라면 누구하고 힘들어?"

"팀장 때문에."

"팀장하고 무슨 일이 있었어?"

이런 방식으로 자신과 대화를 나누는 겁니다. 해보면 생각만큼 손발이 오그라들거나 그렇지 않아요. 그런데 쑥스럽다고 속으로만 하려고 하면 잘 되지 않으니, 소리 내어 말하는 게 가장 좋습니다. 저도 많이 했는데, 주로 혼자 산책할 때 목소리를 내며 했습니다.

우리가 자신과 대화를 시작할 때는 언제일까요? 대개 삶에 고통이 찾아왔을 때입니다. 언젠가 《법구경 마음공부》(유노책주, 2024)의 저자 정운 스님과 나눈 대화에서 특히 기억에 남는 말씀이 있습니다. "고통은 그냥 사람이면 너무나 당연한 겁니다"라는 말씀이었습니다. 인간은 누구라도, 나도 너도 심지어 부처님조차 고통을 피할 수 없다는 뜻이었습니다.

바로 이 '고통'이 쇼펜하우어가 줄기차게 이야기한 주제입니다. 그런데 우리는 고통을 정말 알고 있을까요? 단지 '고통'이라는 단어만 알고 있는 건 아닐까요? '인생'도 마찬가지입니다. 인생이란, 인생이라는 두 글자에 갇혀 있지 않습니다. 글자 너머에 존재하는 욕망과 의지가 인생의 진짜 실체죠.

그런데 우리는 이런 걸 생각하지 않고 그냥 살아갑니다. 그냥 존재하는 거죠. 생각하는 대로 살아가는 게 아니라, 사는 대로 생각하는 것, 살아간다기보다 살아지는 겁니다. 쇼펜하우어는 이것을 '그냥 존재하는 것'이라고 했어요. 존재하는 건 아무나 다 할 수 있죠. 식물도 나도 똑같아요. 태어나면 다 존재하니까요.

숨만 쉬며 존재하길 바라는 사람은 없을 겁니다. 그냥 사는 게 아니라 '잘 살기'를 바라죠. '잘 산다'는 건 '잘'이라는 말과 '산다'라는 말이 합쳐진 것입니다. 단순히 살아가는 것은 동물이나 식물도 합니다. 하지만 '잘 산다'는 감각은 오직 인간만이 가질 수 있습니다. 잘 살기 위해서는 생각해야 하고, 사유해야 합니다. 이것이야말로 인간이 가진 가장 본질적이면서도 고귀한 특성이며, 그렇기 때문에 인간은 고통을 느끼고 의미를 부여할 수 있는 존재인 것이죠.

사람답게 잘 사는 것이 고통에서 벗어나는 길

저는 평소에 "욕망하십시오"라는 말을 자주 합니다. 욕구와 욕망은 다릅니다. 욕구는 목마르면 물을 마시고 싶고, 배고프면 음식을 찾는 본능적인 충동입니다. 하지만 욕망에는 의지가 담겨 있습니다. 목이 마를 때 물을 마시는 것은 욕구지만, 목이 마를 때마다 언제든 마실 수 있도록 우물을 파고 싶다면 그것은 욕망입니다. 쇼펜하우어도 욕망에 대해 말합니다. 욕망, 즉 의지를 품고 살아가야 하며, 그것만이 고통을 소멸시킬 수 있는 유일한 길이라고 말입니다.

상식적으로 생각하면, 고통이 없어져야 행복이 찾아오고 마음의 평화를 누릴 것 같잖아요. 하지만 현실은 그렇지 않습니다. 사람답게 잘 살아야 고통에서 벗어날 수 있습니다. 인간의 욕망은 기본적인 본능입니다. 빈곤하고 궁핍하게 살고 싶다고 생각하며 태어나는 사람은 없을 겁니다. 누구나 더 많은 경험을 하고, 풍족하게 살고, 건강하고 행복하게 살아가길 바라죠. 이게 너무나 당연한 인간의 본성인데, 쇼펜하우어의 눈에 비친 인간들은 정작 그렇게 살지 못합니다. 그래서 끊임없는 고통에 시달리는 것이죠.

'자신이 원하는 삶을 사는 것'을 성공이라고 한다면, 정말 많은 사람들이 성공을 원하면서도 극히 일부만이 그 길을 따라갑니다. 왜 그럴까요?

성공하길 바라고, 자신이 원하는 대로 살고 싶어 하면서도, 퇴근하면 피곤하다는 이유로 스마트폰만 들여다보다가 잠이 듭니다. 책을 읽어야지, 생각은 하지만 시간이 없다는 이유로 일 년에 한 권도 읽지 못합니다. 시간이 없다면서도 씻을까 말까를 고민하며 한 시간씩 허비하기도 합니다. 제가 직장인일 때 딱 이랬습니다. 생각과 행동이 일치하지 못했던 거죠. 결국 사람답게 '잘 살지 못했기 때문에' 고통스러웠습니다.

새로운 나를 더 강렬하게 욕망하라

쇼펜하우어는 "인간이 존재한다는 것 자체가 철학 그 자체다"라고 했습니다. 철학은 인간 때문에 나온 것이고 인간이 사유한 결과물입니다. 어떻게 하면 인간이 '더 잘 살 수 있을까'에 관한 고민의 산물인 셈이죠. 그가 왜 이런 생각을 했는지 이해하려면 시대적 배경을 떠올리면 도움이 됩니다.

쇼펜하우어가 살았던 18세기 후반부터 19세기 중반은 물질만능주의가 도래한 시기였습니다. 산업혁명이 일어나고 기술이 발전하면서 사람보다 시스템이 우선시되는 시대가 열렸죠. 국가주의가 팽배해지고 기술·법률·정치 등 사회 시스템이 개인보다 더 중요한 자리를 차지했습니다. 이런 흐름 속에서 인간은 이 시스템을 구성하는 하나의 조각으로 취급되었고, 쇼펜하우어는 그 모습을 보면서, 인간은 죽은 것이나 마찬가지라는 생각이 들었을 겁니다.

"인간이 죽었으니, 철학도 죽었다."

그가 말한 절망은 끝을 의미하는 게 아니라 이런 방식으로 세상을 바라보는 하나의 프레임이었습니다. 그가 중요하게 여긴 건 절망 그 자체가 아니었어요. 그 절망의 끝에서 '새로운 나'가 태어난다는 관점이었죠. 지금 존재하는 이 절망을 희생하면 새로운 내가 탄생한다는 것이죠.

너무 어렵게 들리나요? 제 경험을 하나 들려드리겠습니다. 직장에 다닐 때, 저는 몹시 우울했습니다. 그런데 우울한지도 몰랐어요. 정신과 의사들에게 들으면 많은 우울증 환자가 딱 저처럼 느낀다고 합니다. "우울증이라니, 제가요?" 하며 열에 아홉은 놀라며 부인한다고요. 저도 그랬습니다. 한 번은 횡단보도 앞에 서 있는데 도로 위에 차들이 유독 쌩쌩 지나갔어요. 순간 이런 생각이 들었습니다.

'한 발만 앞으로 나가면 끝인데, 별거 아닐지도……'

자연스럽게 그런 생각이 들 정도로 절망과 괴로움으로 하루하루를 보냈습니다. 그랬던 제가 인생을 완전히 바꿀 수 있었던 것은 '절망을 희생시킨' 덕분입니다. 당시 제게는 우선순위가 있었습니다. '내가 원하는 삶'을 살기 위해 지금 나에게 가장 중요한 1순위에 모든 것을 걸고 나머지는 하지 않거나 최소화하는 것이었죠. 이것이 곧 희생입니다. 게리 켈러(Gary Keller)와 제이 파파산(Jay Papasan)이 《원씽》(구세희 옮김, 비즈니스북스, 2013)에서 말하는 원리와도 닮아 있습니다. 2순위, 3순위를 희생하고 1순위를 실행하는 겁니다.

그때 저는 사직서를 낼 수 있었고, 휴직을 선택할 수도 있었습니다. 하지만 직감적으로 알고 있었습니다. 이렇게 도망가도 내 상황이 해결되지 않는다는 것을요. 도망은 1순위가 아니었기에, 그보다 더 중요한 것이 무엇인지 생각했습니다. 답은 하나였습니다. 일을 잘하는 사람이 되는 것이었죠. 팀장도 되고 부서장도 되자고 마음먹었습니다. 인정받고 주도권을 쥐는 상황이 되어야 운신의 폭이 넓어질 테니까요. 그렇게 저는 '진짜 내가 원하는 삶'을 살기 위한 준비를 제대로 시작하겠다고 결단했습니다.

이렇게 결단한 후, 저는 진짜 열심히 살기 시작했습니다. 천 명이 넘는 큰 조직에서 3년 연속 인사 평가 최고 등급을 받았죠. 일 잘하는 사람으로 인정받으니, 자연스럽게 다음 단계로 나아갈 저만의 흐름이 생겼습니다. 이 모든 과정이 바로 '새로운 나'를 위해 절망을 희생한 결과였습니다. 그렇게 지금의 저는 새로운 나 자신, 스스로 만들고 선택한 '하와이 대저택'으로 살고 있습니다.

쇼펜하우어가 말한 '새로운 나'란 바로 이런 겁니다. 현존하는 나의 절망을 희생하여 새로운 나를 만들어가는 것이죠. 그렇기에 쇼펜하우어의 절망은 궁극적으로는 희망을 의미합니다. 산모의 고통과 아픔 끝에 새 생명이 탄생하듯, 절망을 희생한 자리에서 새로운 시대가 열리고, 새로운 가치관이 태어나 나의 인생을 완성하는 것입니다.

나의 의지로
내 삶을 살아가라

'나'는 사라져도 '내 생각'은 남는다

쇼펜하우어는 인간 안에 숨겨진 가장 강력한 힘을 '살아남고자 하는 의지'라고 했습니다. 그가 보기에 우리가 갖는 모든 욕망의 뿌리는 단순합니다. 죽음을 피하고 어떻게든 이 세상에 흔적을 남기려는 본능이죠. 즉, 인간이 욕망을 끝까지 파고들다 보면 결국 죽음이라는 한계 앞에서 살아남고 싶다는 몸부림에 도달한다는 겁니다.

쇼펜하우어의 비관적인 철학은 바로 여기서 출발합니다. 결국 우리는 누구나, 의식하든 못하든, "나는 사라지고 싶지 않다. 이 세상에 내 자취를 남기고 싶다"라는 깊은 소망을 품고 산다는 것이죠. 다르게 말하면, 흔적을 남기고 싶어 하는 그 마음이야말로 인간 본능의 가장 순수한 형태라는 겁니다.

100년 뒤를 생각해볼까요? 저를 포함해서 이 책을 읽고 있는 대부분의 독자는 100년 뒤 세상을 경험하지 못할 겁니다. 내가 그토록 살고 싶었던 아파트에는 다른 사람들이 살고 있겠죠. 내가 그토록 치열하게 일했던 직장에도 다른 사람들이 다니고 있을 테고요. 그렇게 우리가 사라진 후, 남겨진 사람들은 우리를 얼마나 기억할까요? 몇 년 혹은 몇십 년은 기억하겠죠. 하지만 시간이 지나면서 결국 잊히고 맙니다.

그런데 쇼펜하우어는 거의 200년 전 사람이었습니다. 그것도 지구 반대편에서 살았죠. 그런데 우리는 지금 그 사람의 책을 읽고, 그 사람의 사유와 말의 의미에 대해 생각하고 있습니다. 쇼펜하우어는 죽었지만, 그의 생각은 여전히 남아 있는 것이죠. 본인이 원하던 대로, 본인이 말한 대로 생각이 이 세계에 남았습니다. 좋은 대학을 나왔다고 이 세계에 남겨지는 건 아닙니다. 하버드를 나왔다고 전부 기억되는 것도 아니죠. 돈이 엄청 많다고 해서 기억되는 것도 아닙니다. 100년 전 거부들의 이름을 우리는 거의 알지 못합니다. 그렇다면 내가 살고 싶었던 삶을 내 '의지'로 살아갔을 때, 내 생각이나 자취가 이 세계에 남겨지는 것은 아닐까요?

'우르르 삶'으로는 결코 얻을 수 없다

감사하게도 지금까지 성공한 사람들을 많이 만나고, 그들과 대화를 나눌 기회가 많았습니다. 그런데 이들에게는 한 가지 공통점이 있었습니다. 제가 "정말 잘 되셨네요. 대단하세요"라고 감탄하면, 열 명이면 열 명 다 이렇게 말하더군요.

"아직 멀었어요. 이제 시작이죠."

반복해서 이런 말을 들으며 깨달았습니다. 자기 삶에 분명한 의지를 가진 사람들은 계속 나아간다는 사실을 말이죠. 반대로 '타인의 욕망을 욕망'하며 휘둘리는 사람들은 왜 성공하지 못하는지도 보여주었습니다.

저는 남들 하는 대로 몰려다니는 것을 '우르르 삶'이라고 부릅니다. 생각하는 대로 사는 것이 아니라, 사는 대로 생각하는 삶이죠. 여기에는 자신이 되고자 하는 욕망이 없습니다. 저는 쇼펜하우어가 말하는 인간의 욕망이 '스필오버(spillover)'와 같다고 봅니다. 빈 컵에 물이 한 방울, 두 방울 떨어지면 어느새 컵이 가득 차고, 결국 결정적 한 방울 때문에 넘치게 되듯이 말이죠. 성취하고자 하는 그 욕망이 쌓이고 쌓이다가 더 이상 안에 둘 수가 없게 되면, 결국 밖으로 넘쳐나는 순간이 옵니다. 그때의 모습이 바로 '의지'입니다.

이 의지야말로 진정한 인간의 활동입니다. 아침에 일어나서 세수하고 씻고, 밖에 나가 일하고, 들어와 밥 먹고 잠드는 일상은 활동이 아닙니다. 자신 안에 뭔가를 하고 싶은 욕망이 차곡차곡 쌓여, 도저히 감출 수 없게 밖으로 터져 나올 때, 그 행동이 바로 진정한 '행동'입니다. 그리고 우리는 예전과 전혀 다른 사람이 됩니다. 사람들은 그제야 놀란 얼굴로 이렇게 말하죠.

"저 사람이 정말 그 사람이야?"

예전의 나는 어디에 묻혀 있는가?

여러분은 '지금의 나'와 '과거의 나'가 같다고 느끼시나요? 어린 시절을 떠올려보면, 우리는 정신적으로도 신체적으로도 엄청나게 성장했습니다. 같은 사람이라고 생각하겠지만, 사실은 다릅니다. 의학적으로도 그렇습니다. 우리 몸의 세포는 일정 주기로 죽고 새로 만들어지니까요. 피부 세포는 약 3주마다 교체되고, 적혈구는 120일 주기로 바뀝니다. 심지어 위 점막 세포는 하루 단위로 교체됩니다. 그렇게 피부, 혈액, 장기 속 세포들 중 어린 시절 여러분의 것은 남아 있지 않습니다. 즉, 과거의 나와 지금의 나는 물리적으로도 다른 존재인 셈이죠.

20세기 중반, 의식 창조 분야에 큰 영향을 미친 사상가 네빌 고다드(Neville Goddard)는 그의 저서 《5일간의 강의》(이상민 옮김, 서른

세개의계단, 2014)에서 이렇게 말했습니다.

> 예전에는 여러분이 가난해서 친구들에게 돈을 빌리러 다녔는데, 갑자기 부자가 되어 나타났다면 가난했던 옛사람은 어디에 묻었습니까? 여러분 마음의 눈 안에서 가난을 아주 완벽하게 지워버렸기 때문에 여러분은 이 세상에서 그 가난한 자가 묻힌 곳이 어디라고 가리킬 수도, 말할 수도 없습니다. ─ 51~52쪽

완전히 새사람이 되어 과거와 다른 인생을 살고 있다면, "예전의 나는 어디에도 없다"라고 말할 수 있을 겁니다. 그렇다면, 여러분의 '과거의 나'는 어디에 묻혀 있습니까?

독방에서 나 혼자 레벨 업을 했더니 생긴 일

독방에서 단련된 실력

일 잘하는 사람이 되려면 어떻게 해야 할까요? 저는 독방에 혼자 들어갔다 나오는 시간이 필요하다고 생각합니다. 쇼펜하우어도 그 시간을 통과했어요.

결국 나는 유혹을 이기지 못해 철학을 포기하고 아버지께 사업을 배워보기로 했습니다. 돈의 유혹은 뿌리치기가 정말 힘든 것입니다. 젊은 나는 돈과 학문 중에서 돈을 택했고 2년간 아버지를 따라 세상을 여행하며 사업을 배웠습니다. 2년을 허비한 것이지만 돌이켜보면 인생에서 가장 유익하고 뜻깊은 시간이었습니다. 내가 진정으로 원하는 것이 무엇인지 배웠던 시기이기 때문입니다. 비록 당시엔 내가 잘못된 길로 가고 있다는 자괴감에 매 순간이 절망으로 가득 찬 번민의 시

절이었지만 말입니다. — 14쪽

"해야만 하는 일을 정말 잘하게 됐을 때 비로소 진짜 하고 싶은 일을 하게 된다"라는 말은 무슨 뜻일까요? 결국 사람은 직접 해봐야, 자신이 무엇을 싫어하고 무엇을 좋아하는지 정확히 알게 된다는 뜻입니다. 해야만 하는 일을 경험해야, 내가 이 일 말고 그 일을 얼마나 좋아하고 얼마나 하고 싶은지 확신할 수 있습니다.

"해야만 하는 일이라면 그냥 하면 되지, 굳이 제대로 해야 합니까?"라는 질문이 나올 수 있습니다. 제대로 해보지 않으면 내가 정말로 싫어하는지, 아니면 그럭저럭 할 만한지, 익숙하지 않아서 싫은 척하는 것인지 애매합니다. 왠지 이 일 아니면 딱히 먹고 살 게 없을 것 같고, 싫긴 한데 그냥 하는 일이니까 기계적으로 삽니다. 회색지대에 머무르며, '경계인'처럼 사는 겁니다. 진짜 가고 싶은 곳은 저쪽인데 제대로 시도조차 못하고, 그렇다고 이쪽에 적극적으로 머물지도 못하는 삶이죠.

회색지대에서 사는 삶은 비극입니다. 왜일까요? 그렇게 망설이며 애매하게 시간을 흘려보내는 사이, 삶은 끝날 테니까요. 인생은 리모컨 없는 영화와 같아서 되감기도, 일시 정지도, 재상영도 없습니다. 결국 남는 건 단 하나, 단 한 번뿐인 삶을 허비했다는 사실뿐일 수 있습니다.

머리가 복잡할수록, 생각이 많을수록 혼자가 되라

혼자 있는 시간이 성장의 필수 조건이지만, 그렇다고 꼭 먼 곳에 가야 하는 것은 아닙니다. 일상에서 충분히 실천할 수 있는 방법이 있습니다. 제가 가장 강하게 추천하는 방법은 산책입니다. 산책은 단순히 발을 움직이는 행위가 아니에요. 생각을 움직이고, 에너지를 불러내며, 인생의 궤도를 바꾸는 조용한 혁명입니다. 쇼펜하우어도 산책을 무척이나 좋아했습니다. 그는 반드시 혼자 걸었고, "산책의 동료는 고뇌로 족하다"라고 말할 정도였죠. 산책할 땐 어려운 과제를 가져가기 때문에 동행을 두지 않는다고요.

저 역시 직장인 시절, 혼자 산책하며 걷고 뛰는 시간을 통해 인생의 전환점을 맞을 수 있었습니다. 그 장소는 다름 아닌 '3단지'였습니다. 제가 살던 아파트는 6단지였는데, 길 하나 건너면 넓은 부지의 3단지가 있었죠. 그 시기는 제가 이렇게 다짐하던 때였습니다.

"내가 원하는 삶을 살려면, 지금처럼 살아서는 안 된다."

그래서 매일 3단지를 걸었고, 달렸습니다. 그리고 미래의 나를 아주 구체적으로, 마치 '과거의 일을 떠올리듯' 상상했습니다. 육하원칙에 따라 언제, 어디에서, 누구와, 무엇을, 어떻게, 왜 하고 있는지 하나하나 그려냈죠. 신기하게도, 그때 자세하게 상상했던 장면들은 지금 저의 일상이 되었습니다. 눈앞에 현실로 펼쳐진 것이죠.

우리가 스트레스를 받거나 오래 앉아 있으면 뇌가 계속 긴장 상태에 머물러 있기 때문에 알파파가 나오지 않습니다. 머리가 복잡하거나 마음이 힘들 때 문득 '조금 걸어야겠다'라는 마음이 드는 것도 이 때문입니다. 실제로 산책을 하면 알파파가 늘어나 뇌가 안정되고, 덕분에 생각이 정리되며 마음도 차분해집니다. 지금 나를 이토록 어렵게 만드는 그 상황을 한 걸음 떨어져서 볼 수 있게 되고, 그로 인해 생각하지도 못했던 해답이 떠오르기도 합니다.

그러니 산책을 하십시오. 반드시 혼자서 해보세요. 쇼펜하우어가 그랬던 것처럼, 고뇌를 동반자 삼아 홀로 고요히 걷다 보면 생각하지도 못했던 해결책이 떠오를 테니까요. 머리가 복잡할수록, 생각거리가 많을수록, 그 효과는 더욱 분명하게 다가올 겁니다.

내가 원하는 삶이 되기 전에 나타나는 시그널

고요히 홀로 있기를 선택한 사람에게 시간은 전혀 다른 흐름으로 다가옵니다. 쇼펜하우어가 말한 것처럼 "일생에 걸쳐 긴 시간이 흐르는 사이 남들과 비교되지 않는 자기만의 위대한 삶이 쌓여가는" 것이죠. 특별함을 장착하는 과정은 본래 사람들 눈에 띄지 않습니다. 빛나는 무대 위가 아니라, 보이지 않는 지하실 독방에서 하나씩 갖춰지는 법이죠.

이것이 바로 '셀프 고립'입니다. 남들과 관계를 맺지 못해 외로움을 느끼는 것과는 다릅니다. 자발적 선택이자, 지하 독방에서 혼자 고독하고 처절하게 자신을 레벨 업하는 시간이니까요.

내가 달라져 레벨 업을 하고 나오면, 들어가기 전과 나는 다른 사람이 됩니다. 다른 사람이 됐으니 내가 보는 세계도 달라집니다. 가치관이 달라졌기에 판단과 선택도 달라지고, 만나는 사람들도 달라질 수밖에 없습니다. 이렇게 주변이 바뀌고 환경이 바뀌며, 내가 사는 세계가 변하는 것입니다. 그래서 특별함을 지닌 사람을 보면 우리는 흔히 '타고났다'고 생각하게 됩니다.

제가 경계인으로 회색 영역에서 망설이며 있던 시절, 지하 독방에 들어갔다 나온 뒤 갑자기 퀀텀 점프하는 사람들을 본 적이 있습니다. 이런 사람들의 특징은 자기 시간을 철저히 살아간다는 겁니다. 남들과 억지로 어울리며 인맥을 관리하지 않고, 의미 없는 직장 소문이나 잡담에 시간을 허비하지 않습니다.

직장에서 인사이동이나 조직 개편, 인센티브, 누가 누구와 사귀는지 등의 이야기가 재미있거나 회사 다니는 유일한 낙이라고 느껴지나요? 그렇다면 스스로에게 물어봐야 합니다. 내가 나로서 잘 살고 있는가? 반대로 이런 대화가 무의미하게 느껴지고, 시간이 아깝다고 느껴진다면, 그것은 내가 잘 살고 있다는 강력한 증거입니다.

예전엔 익숙하던 환경이 낯설게 느껴지고, 친하게 지내던 사람들과의 대화가 재미없게 느껴지며, 현재 상황이 답답하게 느껴져 새로운 일을 모색하고 싶다면, 그것은 삶이 변하기 전, 혹은 변하는 과정에서 나타나는 전형적인 시그널입니다. 이 순간이 오면 망설이지 마십시오. 나만의 지하실 독방으로 들어가 자신을 레벨 업할 시간입니다.

나보다 더 뛰어난
개성은 없다

세상 하나뿐인 나

쇼펜하우어는 자신을 굉장히 아꼈던 사람입니다. 좋은 옷을 입고, 건강에 좋은 음식을 챙겨 먹어서가 아니에요. 그는 "이 세상에 나 이상의 존재는 없다. 나는 나로서 존재한다"라고 단언했습니다. 굉장한 선언이죠. 그러면서 그는, 나의 개성을 보증하지 않는다면, 그 어떤 곳에도 소속되지 않을 것이라고 했습니다. 한마디로, 나 자신은 완전하고 탁월하며, 나보다 더 뛰어난 개성은 없다는 뜻입니다.

그는 엄청난 나르시시스트였을까요? 아니요. 저는 오히려 이 부분에 깊게 공감했습니다. 세상에 높은 지능을 가진 사람은 많습니다. 탁월한 재능을 가진 사람도 많죠. 그런데 나보다 뛰어난 개성을 가진 사람은 없습니다. 이게 진짜 팩트입니다. 우리는 이 세상에 단 하나뿐인 유일무이한 존재니까요. 심지어 일란성 쌍둥이도 DNA가 완전히 같지 않습니다. 다시 말해, 세상에 단 하나뿐인 고유함은 누구에게나 있다는 얘기죠. 다른 삶을 꿈꾸고 설계할 때, 이 사실을 반드시 기억하시길 바랍니다.

우리는 모두 천재다

사람은 누구나 천재로 태어나지만 부모님, 선생님 같은 주위 사람들과 사회, 즉 나를 둘러싼 세상에 의해 그 천재성을 빼앗기곤 합니다. 제가 어릴 때 일입니다. 필통, 멜로디언 케이스, 노트 곳곳에 유성 매직으로 "나는 천재, 왕천재"라고 크게 써놨습니다. 그런데 어느 날, 아버지가 저에게 이런 말씀을 하시는 겁니다.

"네가 천재는 아니지."

아버지는 천재 수준이 되는 아이큐 숫자와 10대 멘사 회원의 가입 여부 같은 '팩트'를 친절히 날리셨습니다. 물론 아버지는 저를 무척 사랑하셨습니다. 제가 미워서 하신 말이 아니었죠. 저도 아버지를 사랑했습니다. 어린아이였던 저에게 세상에서 가장 큰 사람은 아버지였으니까요. 그런 아버지가 "넌 천재가 아니야"라고 하니 당연히 사실로 받아들일 수밖에 없었습니다. 물론 당시 어린 마음에 심장이 내려앉는 것 같은 충격이 있긴 했습니다. 이후 저는 나이를 먹고, 서른이 넘도록 스스로를 "해운대 백사장의 수많은 모래알 중 하나"라고 여기며 살았습니다. 지극히 평범한 사람임을 의심치 않았죠.

그런데 지금의 저는 스스로를 '왕천재'라고 생각합니다. 그리고 지금 이 글을 읽고 있는 여러분도 저는 '왕천재'라고 믿습니다. 진심입니다. 저의 아이에게도 똑같이 말해줍니다.

"넌 천재야. 그걸 알아야 해."

제가 정의하는 천재는 단순히 머리가 좋은 사람이 아닙니다. '스스로 한계를 두지 않는 사람'이죠. 우리의 심장은 뛰다가 멈출 수 있지만, 생각의 심장은 셀프 한계를 두지 않는 한 결코 멈추지 않습니다.

"그건 안 될 거야. 현실적으로 이 정도만 해도 잘한 거지."

스스로 이렇게 생각의 한계를 설정하고 살아가는 분도 많습니다. 그런데 그 한계는 누가 정한 건가요? 사실 자신이 스스로 정한 한계일 뿐입니다. 그러니 우리는 자신의 한계를 뛰어넘을 수 있습니다. '나는 천재다'라는 생각은 쇼펜하우어가 말한 "나보다 더 뛰어난 개성은 없다"라는 의미와도 일맥상통합니다. 새로운 인생은 내가 나의 개성을 믿고, 스스로 만든 허상의 한계를 뛰어넘을 때 펼쳐집니다.

인풋이 똑같다면 아웃풋이 다르길 기대하지 마라

새로운 인생을 만들기 위해 무엇이 필요할까요? 쇼펜하우어는 세 가지를 제시했습니다. '새로운 이름', '새로운 평가', 그리고 '새로운 개연성'.

새로운 삶을 살고 싶다면, 이전과는 전혀 다른 무언가를 해야 합니다. 한 번도 가져본 적 없는 것을 가지려면, 한 번도 살아본 적 없는 방식으로 살아야 합니다. 많은 사람이 옛 삶을 끌어안은 채 새 삶을 원합니다. 하지만 옥수수 씨앗을 심어놓고 사과가 열리길 바라는 건, 아무리 간절해도 불가능한 일입니다.

매일 아침 똑같은 시간에 일어나, 똑같은 표정으로 출근하고, 똑같은 사람들과 똑같은 얘기를 반복하면서도 "왜 내 삶은 바뀌지 않을까?"라는 의문을 품는다면, 그 의문은 영원히 풀리지 않을 겁니다. 인풋이 같으니 아웃풋도 같을 수밖에 없죠.

더 나은 직장을 원하면서도, 이력서를 고치거나 무언가를 새로 배울 시도조차 하지 않는 사람. 건강해지고 싶다고 말하면서도 식습관은 바꾸지 않고 운동도 하지 않는 사람. 마음을 바꾸고 싶다고 하면서도 평소 생각하는 방식이나 행동 패턴을 점검하지 않는 사람. 대부분은 자신이 바뀌지 않는 이유를 "변하는 건 원래 어려워서", "타이밍이 아니라서", 혹은 "환경이 안 도와줘서"라고 생각합니다. 물론 그런 이유가 있을 수도 있지만, 가장 큰 이유는 단순합니다. 안 해서입니다.

시작하지 않기 때문에 변화는 일어나지 않습니다. 시도하지 않기 때문에 새로운 가능성은 닫힌 채로 남아 있죠. 사람들은 마치 '의지'라는 말이 마법처럼 작동하길 바랍니다. 하지만 진짜 변화는 감정이 아니라 행동에서 시작됩니다. '하고 싶다'라고 느끼는 마음은 누구나 갖지만, 실제로 '하는 사람'은 극히 드뭅니다. 중요한 건 결심이 아니라 실행입니다. 옛 이름과 옛 평가, 옛 개연성에서 벗어나고 싶다면, 낯설고 서툴고 어색하더라도 새로운 것을 '하는' 사람이 되어야 합니다. 새로운 이름을 붙이고, 새롭게 평가받고, 새로운 이야기를 쓸 용기를 내야 합니다. 인생은 결국 자신이 자기를 어떻게 부르느냐에 따라 달라지니까요.

자기 연민은 독이다

지금과는 다른 삶을 살고 싶다고 말하면서도, 실제로 행동하지 못하는 이유는 무엇일까요? 그 원인을 가만히 들여다보면, 단순하지만 강력하게 사로잡혀 있는 감정이 한가운데 있습니다. 그것은 '자기 연민'입니다.

"자기 연민은 독이다. 심지어 중독성도 있어서, 한 번 빠지면 절대로 원하는 삶을 살 수 없다."

정확한 표현입니다. 자기 연민은 겉보기엔 자신을 위로하는 것 같지만, 실제로는 자기 발목을 붙잡고 끌어내리는 감정입니다. 자기 연민은 자신을 소중히 돌보는 자기 자비나 자기 사랑과는 완전히 다릅니다. 자기 자비는 "지금 힘들지만 괜찮아, 내가 나를 돌볼게"라는 다정한 내면의 목소리입니다. 반면, 자기 연민은 '내가 왜 이렇게밖에 못 살까? 왜 나만 이런 고통을 겪어야 해?'라며 남 탓과 피해의식으로 귀결되는 감정이죠.

우리가 진짜로 경계해야 하는 이유는 바로 이 지점입니다. 자기 연민은 결국 책임을 외부로 전가하게 만들기 때문이에요. 불우한 가정환경, 부모님의 이혼, 어려운 경제 상황, 가고 싶었지만 가지 못한 대학, 버거웠던 첫 직장……. 처음엔 그저 상처였지만, 시간이 지나면서 '내가 이 모양 이 꼴인 이유'를 모두 외부에서 찾습니다. 부모 탓, 시대 탓, 상사 탓, 사회 탓. 이렇게 되면, 삶은 '내가 바꿀 수 없는 수동적이며 고정된 것'이 되고, 나는 그저 불쌍한 피해자가 되어버립니다.

이런 상태에 익숙해지면, 스스로에게 책임을 묻지 않게 됩니다. 불편한 감정의 원인을 돌아보지 않고, 쉽게 면죄부를 줍니다. "지금 내가 이렇게 된 건 내 잘못도 아닌데, 굳이 내가 왜 바꿔야 하지?"라고 말이죠. 이것이 자기 연민의 무서운 중독성입니다. 상처를 보듬는 척하면서 스스로를 무력한 존재로 고정하고, 원하는 삶과 점점 더 멀어지게 만드는 감정이죠. 그렇다면 이 늪에서 어떻게 하면 빠져나올 수 있을까요?

성인이 된 이후, 우리 인생의 보호자는 결국 '나'입니다. 어린 시절에는 부모님이나 어른들이 우리를 지켜주었지만, 이제는 다릅니다. 병원에 가면 보호자란에 다른 사람 이름을 적을 수 있겠지만, 내 삶에서 나의 보호자는 언제나 나 자신입니다.

더욱이 우리는 기본적으로 부정적인 방향으로 사고하도록 설계되어 있습니다. 수렵과 채집의 시대, 살아남기 위해 의심하고 조심하며 나쁜 가능성을 예측했던 사람들의 후손이 지금의 우리니까요. 하루 5만 가지 이상의 생각 중 대부분이 걱정과 의심이라는 것도 이상한 일이 아닙니다. 멍하니 앉아 있을 때 한번 스스로 체크해보세요. 내일의 일정, 돈, 인간관계, 건강 등 걱정을 비롯한 부정적인 생각이 먼저 떠오르는 자신을 발견할 수 있을 겁니다.

그래서 '마인드셋'은 하루하루 의식적으로, 일부러 악물고 해야 하는 겁니다. 저는 '마인드셋을 마스터한 사람'은 세상에 없다고 생각합니다. 매일 그냥 걷듯, 세수하듯, 반복하는 것, 그게 마인드셋입니다. 저 역시 매일 합니다. 일이 안 풀리는 날도 있고, 짜증 나는 날도 있고, 갑자기 이유 없이 불안한 날도 있으니까요. 긍정은 우리 본성이 아닙니다. 본능을 거스르는 의식적인 노력의 결과물입니다. 그래서 더 소중하죠.

진짜 자기 사랑은 한순간의 기분이 아니라, 본능적인 나약함을 이겨내려는 작은 선택들을 끝없이 반복할 때 비로소 만들어집니다. 자기 연민은 "왜 하필 나만 유독 이렇게……"라며 자신을 세상에서 가장 불쌍한 사람으로 몰아넣지만, 자기 자비는 다릅니다. "지금 내 어깨 위에 있는 이 돌덩이들, 결국 황금으로 빛날 날이 온다"라며 나를 계속 나아가게 만드는 조용한 힘이죠.

진짜 변화는 위로가 아니라 결단에서 시작됩니다. 자기 연민을 이겨내려는 결단을 하는 그 순간, 우리는 '이전과는 전혀 다른 삶'을 살 수 있습니다. 그리고 그 삶을 지켜줄 사람은 오직 자기 자신, 내 안의 단단한 보호자뿐입니다.

열심히 살아갈수록 나를 비난하는 소리가 들려올 때

지금까지 유튜브 채널 <하와이 대저택>의 누적 조회수는 2억 5천만 뷰를 넘었습니다. 수만 개의 '좋아요' 뒤에는 수천 개의 '악플'도 있었지요. 처음에는 내 마음을 어떻게 다스려야 할지 참 어려웠습니다. 그럴 때마다 데일 카네기의 말을 떠올립니다.

"아무도 죽은 개를 걷어차지 않는다."

그리고 이제는 압니다.

"나는 살아 있구나. 잘 살아 있다."

자기 연민에 빠지는 순간, 인생을 바꾸는 힘은 사라집니다. 누군가의 말 한마디에 흔들릴 때마다 내 삶의 중심이 외부로 옮겨가 버리니까요. 타인의 말에 상처받을 때, 쇼펜하우어의 이 말을 떠올립니다.

> 골목에서 당나귀와 마주쳐 발굽에 치일 수도 있다. 개에게 물리면 당연히 아프고 화도 나겠지만, 그것이 인간으로서 나의 명예를 훼손하는 것은 아니다. ─ 33쪽

어떤 모욕은 당나귀에게 발로 차인 것과 같고, 어떤 비난은 길에서 개한테 물린 것과 같습니다. 아프고 기분 나쁠 수는 있지만, 그것이 내 존재의 품격이나 삶의 방향을 바꿔놓아야 할 이유는 되지 않습니다. 당나귀에게 밟혔다고 엉덩이를 걷어차는 게 사람답다고 할 수 없듯, 개한테 물렸다고 분노에 찬 복수를 하는 게 꼭 인간다운 일은 아니니까요.

누군가에게 비난받고 있다면, 어쩌면 나는 그 사람에게 '그만큼의 주목'을 받는 존재라는 뜻일지도 모릅니다. 관심조차 주지 않는 대상에 대해 우리는 아무 말도 하지 않으니까요. 말하자면, 나에 대해 온갖 이야기가 떠도는 건 내가 이미 '세상에 파문을 일으킨 존재'라는 증거인 셈이죠. 그러니 누가 뭐라고 하든, 그 헛소리에 반응하며 에너지를 낭비하기보다는 이렇게 생각해보세요.

'아, 내가 꽤 영향력이 있는 사람인가 보구나.'

중요한 건 그들의 말이 아니라 내 삶의 방향, 그들의 시선이 아니라 내가 나를 바라보는 눈입니다. 세상의 말에 흔들리는 대신, 나는 나를 지키는 일에 충실해야 합니다. 사람들의 말은 때때로 강한 바람처럼 불어옵니다. 그 바람에 흔들릴 수는 있어도, 뿌리가 뽑힐 이유는 없습니다. 내가 누구인지는 그 어떤 댓글도, 험담도 정의할 수 없으니까요. 이럴 때 필요한 건 자기 연민이 아닌, 자기 중심입니다. 그 중심이 단단해질수록 우리는 타인의 말에 휘둘리지 않고, 자신의 길을 묵묵히 걸어갈 수 있습니다. 그리고 그 중심에는 반드시 이런 믿음이 있어야 합니다.

"나보다 더 뛰어난 개성은 없다."

우리는 누구나 고유한 존재입니다. 타인과 비교할 수 없는 존재감을 가지고 태어났죠. 세상에 단 하나뿐인 목소리, 시선, 감정, 취향……. 이 모든 것이 누구도 대신할 수 없는 내 고유의 색깔이자 무기입니다. 자신의 특별함을 남에게 인정받을 필요는 없습니다. 남보다 잘해야 인정받는 게 아니라, 나답게 살아야 의미가 있는 것입니다.

최상의 기쁨은 산을 기어 올라가는 순간에 있다

과정을 즐기는 사람은 삶 전체를 산다

우리는 흔히 "과정을 즐기라"는 말을 듣습니다. 참 좋은 말이지만, 이 말을 실제로 체감하며 사는 사람은 얼마나 될까요? 현실 속 대부분의 우리는 이렇게 반문하곤 합니다.

"과정을 즐긴다는 게 가능한가?"

대표적인 예가 바로 워라밸(Work and Life Balance), 즉 '일과 삶의 균형'입니다. 많은 이들이 '평일엔 열심히 일하고, 주말엔 잘 쉬자'라는 마음으로 워라밸을 지키려 합니다. 그런데도 이상하게 주말은 늘 짧게 느껴집니다. 왜 그럴까요? 실제로 주말이 평일보다 짧기 때문입니다. 평일은 5일, 주말은 2일. 일주일 중 71퍼센트는 일하는 시간이고, 29퍼센트만이 쉬는 시간입니다.

그런데 만약 우리가 '주말만이 내 삶이고, 평일은 생존을 위한 시간'이라고 생각한다면 어떻게 될까요? 내 삶의 대부분인 71퍼센트는 그냥 버리고 가는 겁니다. 게다가 주말조차 평일의 피로를 푸느라 다 써버린다면 그 29퍼센트마저도 사라지는 거죠. 주말에도 '월요병'에 시달린다면, 몸은 쉬고 있어도 마음은 여전히 일하고 있는 셈입니다. 결국 일주일 중 단 하루도 '진짜 나의 시간'을 제대로 살지 못하는 꼴이 됩니다. 이럴 땐 쇼펜하우어의 이 말을 떠올려보면 좋습니다.

"최상의 기쁨은 험준한 산을 기어 올라가는 그 순간에 있다."

이 말은 결과가 아닌 과정 그 자체에 기쁨이 있다는 뜻입니다. 힘들고 땀나는 등반 중에도 어느 순간 우리는 바람 한 줄기에 감탄합니다. 문득 고개를 들었을 때 보이는 풍경에 가슴이 벅차오르기도 하고요. 바로 이 지점입니다.

기다리는 자에게 낙원은 오지 않는다

고난이 사라진 인생을 상상해본 적 있나요? 그러나 단언컨대, 고난 없는 삶은 존재하지 않습니다. 만에 하나 있다 하더라도, 그저 고요한 수면 같을 뿐 깊은 울림은 없을 겁니다. 사람들은 '낙원'을 기대합니다. 하지만 쇼펜하우어는 말하죠.

"인간은 한 번도 낙원을 경험해본 적이 없음에도, 그 낙원을 기다리느라 현재의 삶을 고통이라 여긴다."(44쪽 내용 참조)

얼마나 날카로운 통찰인가요. 우리는 지금을 고통으로 규정해 버리고, 언젠가 올 행복이라는 이름의 낙원을 기다립니다. 그런데 그 '언젠가'는 대체 언제일까요? 그 '낙원'은 정말 도착할 수 있는 곳일까요? 과정을 버리고 결과만 바라보다 보면, 정작 그 결과조차도 허무하게 느껴질 수 있습니다. 그래서 저는 이렇게 말하고 싶습니다. 지금 여러분이 다니고 있는 회사, 마지못해 시작한 일, 별 감흥 없이 버티고 있는 현실이라 해도 "싫어도, 한 번은 진심으로 잘해보려 애써보세요"라고 말입니다. 억지로라도 그 안에서 재미를 찾아보고 작아도 뿌듯한 성취를 만들려고 노력해보세요. 그러다 보면, 어느 순간 알게 될 겁니다.

"이 일도 막상 잘하게 되니까 재미가 붙네?"

"그다지 좋아하지 않는 일도 이 정도로 해냈는데, 내가 하고 싶은 일을 하면 진짜 잘할 수 있겠다, 나는."

그렇기에 최상의 기쁨은, 목적지에 도착한 순간이 아니라 그 목적지를 향해 험준한 산을 오르고 있는 '지금 이 순간'에 있습니다. 힘겹고도 위대한 과정을 통해 우리는 매일 조금씩 진짜 삶을 살아가고 있는 겁니다.

한강 다리 위에서 우리 만나면

과정을 중요하게 여기며 살아가더라도 어느 순간 문득, "지금 내가 잘 가고 있는 걸까?", "이 길이 맞는 걸까?" 하는 질문이 마음속에서 조용히 올라옵니다. 그럴 때 저는 걷습니다. 걷고, 달리면서, 스스로에게 말을 걸듯 중얼거립니다. 마스크를 쓰고, 나 혼자만의 속도로 걷고 달리며, 마음속 소리를 꺼내어 입 밖으로 내보냅니다.

최근에는 우연히 새로운 해소법을 하나 발견했습니다. 어느 날, 차 대신 두 발로 한남대교를 건넌 것이죠. 평소엔 차로만 다니던 길이었기에, 걸어서 다리를 건너는 건 처음이었죠. 그런데 그 경험이 뜻밖에도 엄청난 해방감을 주었습니다.

한남대교 위를 걸어보니 차 소리가 정말 엄청나게 크게 들렸습니다. 사람도 거의 없었죠. 그 소음 속에서는 아무리 큰 소리로 소리를 질러도 다른 사람들에게 들리지 않습니다. 모든 소리가 차량 소음에 파묻혀 날아가 버리거든요. 그 순간 저는 마치, 서울 한복판에서 대나무숲을 만난 듯한 기분이 들었습니다.

서울에는 진심을 소리 내어 뱉을 수 있는 공간이 거의 없습니다. 산에 가도 등산객들이 있고, 공원도 누군가의 산책로입니다. 그런데 한강 다리 위는 다릅니다. 특히 한남대교처럼 보행로가 확보된 다리들은 야경이 멋지고 사람도 드물어, 그저 걷기만 해도 마음이 정리되는 공간이 됩니다. 더 놀라운 건, 그 다리 위에서는 마음껏 소리를 질러도 괜찮다는 사실입니다.

"지금, 잘하고 있어!"

"해낼 줄 알았다. 축하해!"

평소 속에서만 맴돌던 말을 큰 소리로 외쳐보는 겁니다. 그 외침은 차 소리에 묻혀버릴지언정, 내 마음에는 분명히 도달합니다. 그것도 엄청난 에너지로 말이죠. 단 한 가지 주의할 점은, 매연이 좀 있다는 겁니다. 목이 칼칼해질 수 있으니, 마스크는 꼭 착용하세요. 한남대교가 아니어도 좋습니다. 한강에는 아름다운 다리들이 많습니다. 다만 보행자 도로가 없는 다리도 있으니 미리 살펴보시길 바랍니다.

언젠가 서울의 대나무숲, 한강 다리 위에서 우리 만날 날이 있지 않을까요?

사소한 일을 위대하게 하라

인생에서 가장 큰 고난은 우리가 얻고자 노력하지 않았다는 데 있다. 무언가를 얻기 위해 장애물을 뛰어넘거나 치우려고 하지 않았다는 데 있다.　　ー 38쪽 쇼펜하우어는 고난의 본질을 이렇게 말했습니다. 우리는 흔히 '고난'을 외부의 장애물에서 찾지만, 사실 진짜 고난은 그것을 넘어서려는 의지와 용기를 내지 못할 때 생겨납니다.

인내도 마찬가지예요. 인내는 옷과 같습니다. 덥다고 옷을 벗어 던지면 처음엔 시원할 수 있지만, 금세 민망해지고 후회가 됩니다. 순간의 해방감은 짧고, 결국은 "그때 왜 참지 못했을까?"라는 아쉬움이 더 크게 남죠.

그래서 우리에게는 흔들릴 때 붙잡을 기둥이 필요합니다. 그 기둥은 바로 '신념'이에요. 쇼펜하우어는 신념을 단순한 생각이 아니라 '삶의 양식'으로 삼으라고 했습니다. 신념은 단단한 마인드셋과 연결됩니다. 왜냐하면 마인드셋을 갖는다는 건, 잠재의식 깊은 곳에 "나는 할 수 있다"라는 확신을 새겨 넣는 일이니까요.

위대한 인생은 단숨에 성큼성큼 전진하는 도약으로 이루어지지 않습니다. 눈에 잘 보이지 않는 미세한 걸음, 누구도 알아채지 못하는 작은 진전에서 만들어지죠. 확신은 하루아침에 찾아오지 않습니다. 가끔 떠오를 때만 시도하는 것으로는 절대 원하는 삶에 닿을 수 없어요. 하루하루 전력을 다하지 않으면 그날의 보람도 없습니다. 보람 없는 하루가 반복되는데 인생의 최종 목적지에 도달할 리는 없죠. 그래서 저는 자주 이 말을 떠올립니다.

"사소한 일을 위대하게 하라."

이 말에 많은 사람들이 의문을 가집니다.

"사소한 일을 어떻게 위대하게 해?"

하지만 이런 경험 있으실 겁니다. 하루를 마치고 잠들기 직전, 문득 이런 생각이 드는 순간 말입니다.

'그거 별것 아니었지만, 그래도 오늘 참 잘했다.'

바로 이게 사소한 일을 위대하게 한 겁니다. 오늘 단 하루의 변화는 눈에 잘 보이지 않습니다. 일주일이 지나도, 한 달이 지나도 티가 안 날 수 있습니다. 하루는 1년 365일 중 고작 0.27퍼센트일 뿐이니까요. 체감조차 안 되는 숫자죠. 하지만 그럼에도, 그 하루는 분명 앞으로 나아간 발걸음입니다. 하루가 쌓여 일주일이 되고, 한 달이 되고, 결국은 내가 꿈꾸던 삶 그 자체가 됩니다. 조금씩, 그러나 분명히. 그렇게 우리는 삶을 바꿔나갑니다.

《생각의 연금술》(하와이 대저택 엮음, 송은선·함희영 옮김, 포레스트북스, 2024)의 저자 제임스 알렌(James Allen)은 그 과정을 벽돌에 비유했습니다. 벽돌 하나는 작고 평범해 보이지만, 수백 개가 모이면 견고한 벽이 되고, 집이 됩니다. 오늘 누군가에게 따뜻한 말을 건넨 것, 책 한 페이지를 읽은 것, 운동화 끈을 묶고 10분을 달린 것, 이런 사소한 일들이 쌓여 집을 짓는 겁니다.

자기 전에 "오늘 참 잘했다"라고 스스로 칭찬할 수 있다면, 벽돌 하나를 제대로 쌓은 겁니다. 사소한 일을 사소하게 하지 말고,

사소한 일을 위대하게 하십시오. 하찮은 일을 하찮게 하면, 하찮은 결과만 남습니다. 그렇게 쌓인 건 금이 가고 썩은 벽돌뿐입니다. 썩은 벽돌로 지은 집은 언젠가 무너지기 마련이죠. 내 삶이 썩은 벽돌로 만들어지지 않게 하는 일. 그 시작은 오늘 하루, 단 하나의 사소한 그 일을 위대하게 해내는 것입니다.

생각 없이 살면 남이 짜준 인생을 살게 된다

목적은 목적에 의해서만 달성된다

수단으로 목적을 달성할 수는 없다. 목적은 오직 목적에 의해서만 달성된다.

— 75쪽

쇼펜하우어의 이 말처럼, 마인드셋은 목적이 아니라 수단입니다. 여러분이 원하는 삶을 이루기 위한 도구이자 기반일 뿐이죠. 예를 들어 집중력을 키운다고 해봅시다. 최종 목표는 '집중력 그 자체'가 아닙니다. 그런데도 우리는 때로 집중력을 기르기 위해 연습하는 것 자체가 목표인 것처럼 몰두합니다. 마치 '집중력 마스터'가 되는 것이 목표인 것처럼, 엉뚱한 방향을 향하는 것이죠.

마인드셋도 마찬가지입니다. 마인드셋 자체에 너무 집착하거나, 완벽하게 하지 못했다고 해서 좌절하거나 불안해할 필요는 없습니다. 예를 들어 '100일 쓰기'를 하다가 46일째 쉬게 되었다고 해볼게요. 그럴 땐 "처음부터 다시 해야 하나, 아니면 그냥 이어서 해도 되나?" 하는 고민이 생깁니다. 저도 실제로 이런 질문을 참 많이 받았습니다.

답은 간단합니다. 여러분 마음이 편한 쪽으로 하세요. 하루쯤 쉬었어도 마음에 거리낌이 없다면, 그냥 이어서 계속하셔도 됩니다. 반대로 뭔가 찜찜하고, 스스로에게 떳떳하지 못한 느낌이 든다면 처음부터 다시 시작하는 것도 좋습니다.

수단은 방책일 뿐 진정한 해결책이 아니다

마인드셋은 정답도 없고 규칙도 없습니다. 법이나 시행령이 있는 것도 아니고, 정해진 매뉴얼이 있는 것도 아니죠. 그저 자신에게 맞게 '커스터마이징'을 하면 되는 겁니다.

중요한 건 마인드셋이 아니라 여러분 삶의 '목적'입니다. 많은 분이 댓글로 "나는 이런 집에서 살고 싶어요", "몇억 원의 자산을 이루고 싶어요", "그 돈으로 좋은 일을 하며 살고 싶어요"라고 쓰곤 합니다. 그것이 바로 '삶의 목적'이고, 목적이 있는 곳엔 분명

'목표'가 따라옵니다. 단기 목표도 있고, 중장기 목표도 있겠죠. 그렇다면 그 목표를 위해 필요한 것은 무엇일까요? 바로 '행동'입니다. 마인드셋은 뒤에서 등을 밀어주는 순풍 같은 역할을 합니다. 전기자전거를 떠올려보세요. 페달을 몇 번만 밟아도 쑥 하고 앞으로 나아갑니다. 그게 바로 마인드셋이 해주는 역할이에요. 하지만 그 자전거를 실제로 움직이는 건 여전히 여러분의 다리입니다. 마인드셋은 보조 동력이지만, 여러분을 목적지까지 데려다주는 건 아닙니다.

내가 가고자 하는 방향으로 직접 움직여야만 그 길에 도달할 수 있습니다. 경제적 목표를 이루고 싶다면 경제적 행동을 해야 하고, 커리어에서 성과를 이루고 싶다면 커리어와 관련된 구체적인 행동을 해야 합니다. 마인드셋은 그 과정을 더 빠르게, 더 단단하게, 더 기민하게 만들어주는 보조 장치일 뿐입니다.

그러니 마인드셋 자체에 집착하지 마세요. 마인드셋은 수단이지 목적이 아닙니다. 우리가 가야 할 곳은 '마인드셋을 완성하는 자리'가 아니라 '진짜 원하는 삶'이 있는 자리입니다. 진짜 목적지를 향해 가는 동안, 마인드셋은 언제든 여러분의 등을 가볍게 밀어주는 든든한 바람이 되어줄 것입니다.

절망은 나에게 아무 짓도 하지 않았다

희망을 품고 열심히 노력해도, 우리는 번번이 절망이라는 이름의 그림자에 부딪히곤 합니다. 살면서 상처받는 일도 참 많죠. 그런데 우리를 정말 좌절하게 만드는 건 절망 그 자체일까요? 사실 절망은 자신의 임무를 수행하려 조용히 문을 두드릴 뿐입니다.

"똑똑똑, 혹시 마음대로 잘 안 되시나요? 저, 절망입니다."

이렇게 말이죠. 그런데 사람들은 그 존재에 질겁하고, 절망을 마치 죽음처럼 받아들이며 스스로 무너져버립니다. 우리가 어떤 일을 시작하지 못하는 이유도 결국엔 '망할까 봐'입니다.

"하다가 망하면 어떻게 해?"

이런 두려움이 발목을 잡죠. 하지만 그 일이 망했을 뿐, 내 인생이 망한 건 아닙니다. 그 일을 하다가 실패한다고 해서 내가 죽는 건 아니잖아요. 우리는 종종 '실패=죽음'이라는 극단적인 공식에 사로잡혀 그 가능성만으로도 포기해버립니다. 이에 대해 쇼펜하우어는 이렇게 말했어요.

"사람은 나이를 먹었음에도 불구하고, 여전히 어린아이처럼 햇살 가득한 벌판에 서서 뜬구름만을 바라본다. 그리고 자기 머리 위로 그림자를 드리우는 주범이 바로 그 구름이라는 사실조차 깨닫지 못한다."(44쪽 내용 참조)

여기서 쇼펜하우어가 말한 '뜬구름'은 현실에서 우리가 흔히 말하는 '현실적으로'라는 표현과 같습니다.

"그거 아무나 하는 거 아니야."

"그렇게 하다간 패가망신한다."

"현실적으로 생각해."

진심 어린 조언처럼 들리지만, 사실 이 말들은 우리가 향해야 할 북극성을 가리는 구름입니다. 구름은 우리가 마음속에 품고 있는 가능성의 빛을 가리고, 여정을 멈추게 만듭니다.

하지만 북극성은 항상 구름 너머에 있습니다. 때로는 구름에 가려 보이지 않을 뿐, 결코 사라지는 일은 없습니다. 그러니 오늘 절망이 찾아와도 포기하지 말고, 나만의 북극성을 향해 한 걸음 내디뎌보세요. 그 길은 때론 외롭고, 더디며, 힘들 수 있습니다. 그럼에도 그냥 걸어가 보십시오. 그렇게 하는 것이 절망은 절망의 일을, 나는 나의 일을 묵묵히 해나가는 것입니다.

감사 버튼을 누르자

봄이 되면 농부는 씨앗을 뿌립니다. 봄에 뿌린 씨앗은 한여름의 폭염, 장마, 태풍을 견뎌야만 비로소 가을의 수확을 맞이할 수 있습니다. 우리도 마음속에 꿈을 뿌립니다. 그런데 꿈의 씨앗을 뿌린 모두가 결실을 거두는 건 아닙니다. 너무 많은 이들이 여름의 고통을 견디지 못하고 포기하거나, 씨앗을 뿌린 당장 다음 날부터 기대에 부풀었다가 스스로 실망하며 돌아섭니다.

하지만 수확은 기다림의 인내가 있어야만 가능합니다. 누군가의 인생의 '가을'은 6개월 만에 오기도 하고, 누군가에게는 10년이 걸릴 수도 있습니다. 그렇지만 확실한 건, 봄의 뿌림이 없다면 가을은 절대 오지 않는다는 사실입니다.

현재의 여정이 힘들게 느껴질 수도 있습니다. 남들이 보기엔 별것 아닌 일 같아도, 내가 견디는 지금은 지치고 답답할 수 있습니다. 힘든 과정을 가장 잘 통과하는 방법이 있을까요? 저에게는 단연코 '감사하기'입니다. 의도적으로 "감사합니다"라는 말을 자주 합니다. 감사한 마음이 안 생기더라도, 입 밖으로 말하는 것만으로도 에너지가 바뀌는 걸 느낄 수 있으니까요.

하루 일을 마치고 잠자리에 누우면 저는 감사 버튼을 누릅니다. 제 감사 버튼은 바로 베개입니다. 베개에 머리를 대며 이렇게 생각하는 겁니다.

'지금, 내 뒤통수로 감사 버튼을 눌렀다.'

그러면 그날 하루 중 감사한 일 하나쯤은 무조건 떠오릅니다. 작은 것 하나라도 반드시 생각나죠. 얼마 전에는 이사 후의 일상이 너무 감사했습니다. 예전엔 지방에 살면서 매주 서울로 올라와 4박 5일간 촬영하고 인터뷰하고, 다시 내려가는 생활을 반복했죠. 그렇게 한동안 살다 보니, 무엇보다 갓 두 살 된 어린 딸과 함께하지 못하는 일상이 고통스러웠습니다. 하지만 지금은 매일 아침, 같은 공간에서 딸과 아내와 함께 하루를 시작합니다. 새삼 감사하더군요. 그래서 저는 감사 버튼을 누를 때마다 '이 평범한 날'에 오늘도 감사함을 느낍니다.

하루를 마치며 감사 버튼을 누르는 일은, 솔직히 보면 중요한 것도 아닌 것 같고 심지어 고리타분하게 느껴질 수도 있습니다. 하지만 삶의 무게를 버티게 해주는 가장 확실한 힘이 됩니다. 하루에 단 하나라도 감사한 일을 떠올리고 잠든다면, 그 하루는 헛되지 않은 날입니다. 삶의 가을이 언제 올지 알 수 없지만, 그 계절을 기다리며 통과하는 모든 시간 동안 나를 단단하게 해주는 습관은 '감사하기'입니다. 오늘 밤, 잠들기 전 감사 버튼을 눌러보세요. 어쩌면 그 순간부터, 삶의 계절이 조금씩 바뀌기 시작할지도 모릅니다.

죽은 자들의 인사이트

길을 찾고 싶을 때 우리는 종종 '죽은 자들의 인사이트'에 기대어 판단을 내리곤 합니다. 쇼펜하우어도 "죽은 자들의, 들리지도 않는 목소리가 자기 스스로 인정하는 유일한 판단 기준이 된다"

라고 했죠. 살아 있는 사람들보다 죽은 사람의 말에 귀를 더 기울인다는 게 무슨 의미일까요? 그들의 지혜가 시간의 흐름마저 버티고 살아남았기 때문일 것입니다. 하지만 무조건적으로 의존해서는 곤란합니다. 누군가가 "에이브러햄 링컨이 이렇게 말했다더라" 하면, 자연스레 맞는 말처럼 느껴지겠지만, 링컨이 위대한 인물이라 해도 그의 말이 언제나 '내 삶'에 최적의 해답이 되는 것은 아닙니다.

쇼펜하우어 역시 훌륭한 철학자입니다. 18~19세기 당대의 사유를 21세기에 지구 반대편에 있는 우리가 이렇게 이야기할 수 있다는 것만으로도 그의 사상은 대단하죠. 하지만 그가 말하는 모든 것이 내 삶의 기준이나 가치와 꼭 일치하는 것은 아닙니다.

그래서 저는 어떤 책이든, 어떤 위대한 사람의 말이든 나만의 '커스터마이징'을 하는 게 중요하다고 생각합니다. 철학서든 문학이든 부동산이든 재테크든 상관없습니다. 내용을 그대로 받아들이기보다는 내 삶에 맞게 적용하고 해석하는 작업을 해야죠. 무슨 말인지 다 이해했다고 책의 내용을 흡수한 것이 아닙니다. 나라는 사람, 지금 내 상황, 내가 실행할 수 있는 방식에 맞춰 그 내용을 '재구성'하는 것이 진짜 흡수입니다. 이렇게 해야 '나에게 최적화된 인사이트'가 되고, 진짜 깨달음이 됩니다.

이렇게 책을 읽으면 마지막 페이지를 덮는 순간이 '끝'이 아닙니다. 오히려 책을 덮는 순간이 시작이죠. 책과 '내 삶 사이에 존재하는 간극'을 끊임없이 조율하고 좁혀가는 과정, 그것이야말로 책을 읽는 진짜 의미이자, 여러분이 원하는 삶의 레벨로 올라가는 첫걸음이 될 테니까요. 책을 읽되, 신처럼 섬기지 마십시오. 위대한 말에 귀를 기울이되, 압도되지 마세요. 타인의 생각을 그대로 따라가는 건 그 사람이 짜준 인생을 살아가는 것과 다르지 않습니다. 내 두 발, 내 두 눈, 내 두 귀로 직접 걷고 보고 들으세요. 그 누구보다 중요한 판단 기준은 바로 나 자신입니다.

성찰의 대화

한 권의 책을 읽을 때마다, 마치 저자와 깊은 대화를 나눈 **기분이** 듭니다. 푹 빠져 대화를 나누다 보면 생각거리도 많아지죠. **생각거리** 가 많다는 것은 질문도 많아진다는 뜻입니다. 이 책을 읽고 난 후 저는 "내 인생의 마지막 날 무엇을 가장 후회하게 될까?"라는 질문이 떠올랐습니다. 인스타그램에서 이런 글을 본 적 있습니다. 다섯 살 아이부터 70대까지 "뭐가 가장 후회되나요?"라고 물었더니, 연령대별로 서로 다른 대답이 돌아왔습니다.

다섯 살 아이는 "오늘 놀이터에 갔는데, 또 가고 싶어요"라고 대답했습니다. 질문을 정확히 이해한 답으로 보이지는 않지만, '후회'라는 감정은 거의 없죠. 아직 삶에서 크게 아쉬울 게 없는 나이입니다. 20대는 "기회를 놓친 게 제일 후회된다"라는 대답이 돌아왔습니다. 30대에게 물었더니 "내가 진짜 하고 싶은 일을 좀 더 일찍 알았으면 좋았을 텐데"라고 대답했습니다. 40대는 "어릴 적 꿈을 따라가지 않은 게 가장 후회된다"라고 했고, 50대는 "감사하지 못하고 살아간 게 제일 후회가 된다"라고 했습니다. 60대는 뭐라고 했을까요? "너무 많은 것들을 두려워했던 게 후회가 된다"라고 했습니다. 그리고 70대는 "내가 하고 싶었던 모든 것들을 시도조차 하지 못한 게 가장 후회된다"라고 대답했죠.

심지어 암 환자 등 시한부 삶을 앞둔 분들에게 같은 질문을 던졌을 때도 공통적인 대답이 나왔다고 합니다.

"원했던 것을 하지 못했던 게 가장 후회됩니다."

수많은 잠재력과 가능성을 지녔고 더 빛나는 버전의 내가 될 수 있었는데, 행동하지 않아 시간을 흘려보냈다는 게 가장 큰 아쉬움이라는 뜻이겠죠. 결국 죽음을 앞둔 순간, 가장 후회되는 것은 '고민만 하다가 끝내 하지 못했던 것', 단 하나밖에 없습니다.

우리도 마찬가지 아닐까요? 죽음을 앞둔 순간, 어떤 절대적인 존재가 나타나 "넌 훨씬 더 나은 삶을 살 수 있었어. 네가 원하기만 했다면!" 이렇게 말한다면, 소리 없는 눈물이 흐르지 않을까요?

쇼펜하우어는 삶의 고통을 이야기했지만, 그 고통은 우리가 어떻게 살아야 하는지 통렬하게 일깨워줍니다. 고통에 무너지지 않고, 고통에 잠식당하지 않으면서도 자신의 삶을 살아야 한다고 말입니다. 그러기 위해 우리는 오늘도 내 힘으로 생각하고, 행동하고, 안 해본 걸 시도해야 합니다. 쇼펜하우어가 말한 것처럼, '스스로 걸어가는 사람은 군주와 같기' 때문입니다.

필사 문장

"다른 누구와도 나를 바꾸고 싶지 않다. 지금 내 모습이 어떻든 지금 이대로의 나, 나의 개성, 그것이 바로 나이기 때문이다."

— 23쪽

실천 질문

"내가 바라는 것을 모두 이룰 수 있다면 어떤 삶을 살고 싶습니까? 그렇다면 오늘, 그 삶을 위해 할 수 있는 가장 작은 일 한 가지는 무엇일까요?"

자기 확신은 타고나는 것이 아닙니다. 만들어가는 것입니다. 숱한 고민과 질문 끝에, '그래도 해보자'라고 마음먹고 한 발 한 발 내디딘 사람들이 결국 자기 확신을 장착하게 됩니다. 그러니 안전지대에만 머무르지 마세요. 당신이 그곳에 머무는 건 능력이 부족해서가 아니라, 자기 자신을 아직 충분히 사랑하지 않아서입니다.

나침반 도서: 《죽을 때까지 나를 다스린다는 것》(기시미 이치로, 김지윤 옮김, 위즈덤하우스, 2024)

나침반 6

나만의 북극성을 향해 계속 나아가다:
시작하라, 그리고 계속하라

하와이 대저택의 편지

기시미 이치로(岸見一郎)의 《죽을 때까지 나를 다스린다는 것》은 2천 년 전 로마의 철학자이자 황제였던 마르쿠스 아우렐리우스 안토니우스(Marcus Aurelius Antoninus)의 《명상록》을 일본의 철학자 기시미 이치로가 풀어쓴 책입니다. 그리스어로 된 원문을 저자가 한 줄 한 줄 직접 번역했다고 합니다.

이 책에는 우리가 원하는 삶을 살고, 진정으로 행복하기 위해 어떻게 살아야 하는지에 대한 근본적인 가르침과 통찰이 가득합니다. 쉬우면서도 마음에 와닿는 구절이 많아, 저도 책을 읽으며 밑줄을 많이 그었습니다.

《명상록》은 인생을 더 깊이 사유하게 합니다. 세상에 휩쓸리지 않게 하는 힘을 길러주지요. 저 역시 힘들 때마다 이 책을 읽으며 꿈을 현실로 만들어냈습니다. 저는 자주 "인생을 바꾸는 시작은 나를 아는 것에서 비롯된다"고 말합니다. 물론, 나를 아는 일은 말처럼 쉽지 않습니다. 생각보다 막연하고 어렵죠. 이럴 때 《명상록》은 하나의 방향을 제시해줍니다. 아우렐리우스는 자신을 '너'라고 부르며 글을 썼습니다.

마치 또 한 명의 자신과 대화를 나누는 것처럼요.

이 방법을 일상에서 실제로 사용하는 것이, 나에 대해 알 수 있는 가장 좋은 방법이라고 생각합니다. 자신이 무엇을 좋아하고 원하는지, 피하고 싶은 것과 두려워하는 것을 내면의 대화 속에서 확인하는 것이지요. 아우렐리우스도 글을 쓰며 자신에 대해 많은 것을 깨달았을 겁니다. 그는 이렇게 말해요.

"너는 그저 남의 영혼 속에서 너의 행복을 찾고 있구나."

2천 년 전에 쓰인 문장이지만, 오늘을 살아가는 우리에게 말하는 것만 같습니다. 우리는 고유한 존재입니다. 내가 하는 행위의 가치는 타인의 평가와 무관합니다. 하던 일이 실패로 돌아갔나요? 타인의 평가에 상처받았나요? 꿈이 무너져 좌절을 느끼나요? 그렇다면 이 말을 떠올리세요. 그리고 다시 여러분의 길을 걸어가십시오.

"인정받지 못했다고 가치가 없는 것이 아니다. 반대로 인정받았다고 해서 가치가 있다는 뜻도 아니다. 당신의 가치는 타인의 평가와 관계없다."

자기 계발이라는 말에
갇히지 않으려면

'너'에게 쓰는 나의 조언

마르쿠스 아우렐리우스 안토니우스. 그의 삶은 121년에 시작되어, 180년에 끝이 났습니다. 당시 기준으로는 꽤 장수한 황제였죠. 전쟁과 암살이 빈번했던 로마 제국에서, 비명횡사가 아닌 자연사로 59세를 산 것 자체가 하나의 이례적인 기록이었습니다.

그는 로마의 황제였지만, 동시에 깊은 사유를 멈추지 않았던 철학자였습니다. 그 철학적 고뇌의 결과물이 바로 《명상록》입니다. 이 책은 그가 45세 무렵, 당시로선 중년을 넘어선 시기에 쓴 것으로 알려져 있습니다. 황제로서도 삶과 죽음, 인간 본성, 책임과 고통을 가장 깊이 고민했던 시점이었죠.

흥미로운 점은 이 책이 애초에 출간을 위한 글이 아니었다는 점입니다. 《명상록》이라는 제목도 후대의 누군가가 붙인 제목일 뿐, 실제 원제는 단순히 '자기 자신을 위한 메모'였죠. 그리스어 원문을 보면, 그는 이 글을 '나'를 위해 쓴 것이 아니라 '너'에게 말하듯 썼습니다. 스스로를 향해 질문하고 타이르고, 객관화하려 한 것입니다. 자신을 '너'라고 부른 것은 자기 자신과 거리를 두고 성찰하려는 철학자의 태도이자, '지금의 내'가 '미래의 나'에게 남기는 조언이기도 했습니다. 그렇다면 저는 수많은 명상록 중에서 왜 하필 기시미 이치로의 해석을 담은 책을 선택했을까요?

살아 있는 지혜를 통째로 들이붓는 일

기시미 이치로는 《미움받을 용기》(전경아 옮김, 인플루엔셜, 2022)로 국내에 널리 알려진 철학자이자 알프레드 아들러(Alfred Adler) 심리학의 권위자로, '삶과 철학의 연결점'을 아주 현실적 언어로 풀어내는 데 탁월한 사람입니다. 《죽을 때까지 나를 다스린다는 것》에서도 아우렐리우스의 철학을 먼 고전 속에 가둬두지 않습니다. 수천 년 전 황제가 남긴 사유를, 오늘을 사는 우리에게 필요한 '살아 있는 언어'로 전해줍니다. 그래서 책장을 넘기다 보면 마치 아우렐리우스가 지금 내 옆에서 조용히 조언해주는 듯한 감각을 받게 됩니다.

더 중요한 건, 그가 이 책을 '어머니의 병간호'라는 매우 힘든 현실 속에서 읽었다는 사실입니다. 단지 책상 앞에서 사유한 것이 아니라, 삶의 고통을 통과하면서 인내와 절망, 불안과 사랑이 교차하는 '살아 있는 현장'에서 붙잡았던 책이라는 점이죠. 그래서 그의 해석은 단순히 문장을 풀어주는 데서 그치지 않습니다. "이 말이 지금의 나를 어떻게 버티게 해줄까?"라는 질문에 대한 명확한 답을 줍니다. 《명상록》은 본래 한 황제의 사유 기록이지만, 기시미 이치로의 손을 거치면 놀랍게도 '인간 대 인간'의 따뜻한 편지처럼 다가옵니다. 그래서 이 책을 읽는다는 건 그냥 고전한 편을 읽는 게 아닙니다. 오히려 내 안에 단단히 새겨둘 한 줄의 응원을 온몸으로 받아들이는 경험이 됩니다.

자기 계발은 완성이 아니라 지속이다

우리는 변화를 위해 철학서, 인문서, 자기 계발서를 읽습니다. "공부해야 한다", "성장해야 한다", "변화해야 한다"라고 말하면서요. 이 말들은 얼핏 보면 우리를 더 나은 삶으로 이끌어줄 것처럼 들립니다. 하지만 곰곰이 들여다보면, 그 말들이 오히려 나를 얽매고 있는 무형의 족쇄일 수도 있습니다.

요즘 많은 사람들이 자기 계발을 하나의 통과의례처럼 여깁니다. 마치 그것을 해내야만 투자할 수 있고, 창업할 수 있고, 커리어를 바꾸거나 부를 좇을 자격이 생긴다고 믿습니다. 결국 '내가 원하는 삶'을 살기 위해 반드시 자기 계발을 거쳐야만 한다는, 선결 조건처럼 굳어져버린 생각. 그 생각 자체가 바로 우리가 갇혀 있는 첫 번째 프레임입니다.

이런 사고방식은 '자기 계발'을 수단이 아닌 허들로 만들어버립니다. "내 마음 하나도 제대로 못 다스리는데, 어떻게 큰일에 도전하겠어?" 이런 식으로 자기 의심에 빠지게 되죠. 그러다 보면 '계발'이 아니라 '검열'이 시작되고, 그 과정에서 도전은 미뤄지고, 인생은 제자리걸음을 하게 됩니다. 그래서 저 역시 '자기 계발'이라는 단어 자체를 그다지 좋아하지 않습니다. 그 단어는 무언가를 해내기 위한 유용한 개념일 수 있지만, 동시에 우리를 다음 단계로 나아가지 못하게 만드는 장애물이 되기도 하기 때문이죠.

이 지점에서 중요한 건 방향입니다. 내가 정말 원하는 삶이 무엇인지, 내가 향하는 북극성이 어디에 있는지 방향이 분명하다면 '자기 계발'은 내 앞길을 막아서는 역풍이 아니라 나를 밀어주는 순풍이 될 수 있습니다. 하지만 방향이 불분명한 상태에서 열심히만 달리면, 오히려 그 노력이 또 하나의 미로가 되기도 합니다. 방향 없는 노력은 단순한 수고로움에 그치고, 성취가 아닌 소진으로 끝나기 쉽습니다.

자기 계발은 '도착'이 아니라 '과정', '완성'이 아니라 '지속'에 대한 것입니다. 반복을 지속하는 힘, 흔들려도 중심으로 돌아오는 회복력, 실패를 바라보는 긍정적인 관점, 이 모든 것이 자기 계발의 본질이죠. 그리고 이를 가능하게 하는 건, 결국 내가 올바른 방향으로 가고 있다는 믿음, 더 나아가 확신입니다. 그러니 먼저 스스로에게 물어보세요.

"나는 지금 무엇에 갇혀 있는가?"

지금 혹시 자기 계발이란 말에 갇혀 있진 않나요? 성장의 이름으로 자기 자신을 닦달하다가, 정작 '나'를 잃어가고 있는 것은 아닌가요?

인내는 억압이 아니다

기시미 이치로는 어머니를 병간호하는 긴 시간 동안 마르쿠스 아우렐리우스의 《명상록》을 반복해서 읽었습니다. 간병은 고되고 힘든 과정이며, 때로는 무력감과 절망을 동반합니다. 하지만 그에게 《명상록》은 단순히 시간을 버티며 참아내는 것이 아니라, 자신의 인생 방향을 되새기는 시간이었을 겁니다. 실제로 그는 《죽을 때까지 나를 다스린다는 것》에서 이렇게 말했습니다.

> 죽음의 문턱에 선 어머니를 보며, 어머니처럼 '몸을 움직이지 못하고, 의식까지 잃었을 때도 인간에게 삶은 의미가 있는지, 인간에게 삶의 가치와 의미가 도대체 무엇인지'와 같은 문제를 저의 문제에 대입해서 깊이 있게 생각했습니다. ─ 7쪽

무언가를 계속하는 일에는 인내가 필요합니다. 여러분은 '인내'라는 단어를 들으면 어떤 감정이 떠오르시나요? 대부분 답답함, 억눌림, 고통을 참는 힘겨운 상태를 떠올릴 겁니다. 그래서인지 인내라는 말은 자칫 자기 억압처럼 들리기 쉽습니다. 그러나 인내는 감정을 억누르는 것이 아니라, 자신이 정한 방향을 향해 조용히, 묵묵히 계속해 나가는 의지에 가깝습니다.

"물 들어올 때 노 젓는다"는 속담, 들어보셨죠? 요즘에는 말이 바뀌었다고 합니다. 물 들어올 때 노를 젓는 게 아니라, 물 들어오기 전에 노를 젓고 있어야 물이 들어왔을 때 제대로 나아갈 수 있다는 것이죠. 그러니 이 말은 "물 들어오기 전에 노부터 저으라"로 바뀌어야 할 것 같습니다. 기회를 기다리기만 할 게 아니라 매일 노를 젓는 연습, 즉 반복과 지속의 자세를 갖추어야 합니다. 그래야 기회가 왔을 때, 남들 눈에는 잘 보이지 않는 기회조차도 알아차리고 잡을 수 있으니까요.

자신의 성공을 굳게 믿는 사람은 오늘도 노를 젓고, 내일도 노를 젓습니다. 눈앞에 아무 변화가 없더라도, 바람이 불지 않더라

도 노를 젓습니다. 그러다 물결이 밀려오는 순간, 망설이지 않고 앞으로 나아갑니다. 그에 비해, 아무것도 준비하지 않은 사람은 그때야 황망하게 묻습니다.

"배는 어디 있지? 노는 어디 있지? 물이 어디에서 들어오지? 내가 가고 싶은 방향은 어디지?"

준비되지 않은 사람은 혼란에 빠지기 마련입니다. 하지만 평소에 준비하며 기회를 기다린 자에게 인내는 억압이 아닙니다. 인내는 바로 반복 속에서 준비된 움직임이니까요. 내가 선택한 삶의 방향을 아무도 알아주지 않아도, 오늘 내가 한 일이 의미 없는 것처럼 느껴져도, 묵묵히 하루하루 노를 젓는 일을 멈추지 않습니다.

지금 여러분이 젓고 있는 노가 누군가에게 '헛수고'처럼 보일지도 모릅니다. 하지만 인생의 바람이 몰아칠 때 알게 될 겁니다. 그것이 나를 휘청이게 하는 바람이 아니라, 내가 원하는 방향으로 나아가게 해주는 날개였다는 것을 말이죠. 인내란 억누름이 아니라, 조용한 질주입니다.

나에게 질문을 던질 때 삶은 성장한다

나는 무엇을 좋아할까?

"자신을 잘 챙겨야 한다"라는 말, 우리는 참 자주 듣습니다. 그런데 자신을 잘 챙긴다는 게 정확히 무슨 뜻일까요? 우리가 누군가를 챙기려 할 때 가장 먼저 하는 일은 그 사람의 욕구와 필요를 파악하는 것입니다.

"저 사람은 뭘 좋아할까?"

"지금 필요한 게 뭘까?"

작은 선물 하나를 고를 때도 상대에 대해 꽤 깊이 고민하죠. 하지만 정작 나 자신에게는 이런 질문을 거의 던지지 않습니다.

"나는 지금 무엇이 필요하지?"

"내가 진짜 원하는 건 뭘까?"

이 질문 앞에서 번번이 말문이 막힙니다. 왜냐하면 우리는 살아오면서 한 번도 자신에게 말을 걸어본 적이 없기 때문입니다.

"내가 나한테 무슨 말을 해?"

"나는 그냥 나잖아."

이런 생각 때문에 스스로를 오랫동안 무생물처럼 취급하며 살아왔습니다. 늘 외부에서 무언가를 받아들이고, 외부 자극에 반응하며, 외부의 기준에 맞춰 움직였습니다. 그러는 사이, 내면은 공백이 되었죠.

자신과의 대화가 필요한 이유

한 독자분의 이야기를 들려드릴게요. 이분은 치과의사입니다. 하루 일과는 이렇습니다. 매일 자신에게는 마치 감옥처럼 느껴지는 작은 방으로 출근합니다. 계속 앉아 있다가 "환자 오셨습니다"라는 소리가 들리면 진료를 하러 나가고, 다시 방에 들어와 스마트폰만 봅니다. 그리고 또다시 진료를 하고 방으로 돌아와 스마트폰을 보죠. 이런 과정이 n차로 반복되는 하루를 살고 있다고 합니다. 1년 365일, 이 생활이 계속되는 거죠. 그는 이렇게 말했습니다.

"이건 제가 원했던 삶이 아닌 것 같아요."

놀라운 점은, 그가 이 말을 꺼내기까지 무척 오랜 시간이 걸렸다는 사실입니다. 왜냐하면 그 마음을 누구에게도 편하게 털어놓을 수 없었기 때문입니다. 혹시라도 이해받고 싶은 마음에 이야기하면 돌아오는 반응은 대부분 이랬습니다.

"복에 겨운 소리 하고 있네. 세상이 얼마나 힘든데 어디서 그런 소리를 하고 있냐."

이런 반응을 계속 겪다 보면, 사람은 결국 자기 안의 진짜 목소리마저 의심하고 부정하게 됩니다.

"내가 좀 이기적인 건가?"

"내가 다른 걸 원하는 게 맞긴 한가?"

그러다 보면 내면의 목소리는 점점 더 작아지다가, 결국에는 아무 말도 못 하게 되죠. 이분은 자신의 욕망대로 살아본 적이 없었습니다. 주변의 기대를 보고 들으며 '저 기대에 부응해야 한다'라는 생각뿐이었다고 해요. 그러다 보니 기대에 부응한다는 것이 곧 자신의 욕망이라고 착각하며 살아온 겁니다.

> 네 생애는 이제 끝나려고 하고 있다. 그런데도 너는 자신을 존경할 줄 모르고 그저 남의 영혼 속에서 너의 행복을 찾고 있구나. ─38쪽

아우렐리우스의 이 말은 격렬한 통찰을 줍니다. 혹시 '남의 생

각', '남의 기대', '남의 감정'을 마치 내 것처럼 착각하며 살고 있진 않나요? 순간적인 만족감은 얻을지 몰라도 다른 사람의 방식이 내 삶의 해답이 될 수는 없습니다. 타인의 기준으로는 결코 내 영혼이 만족할 수 없으니까요.

지금도 수많은 사람이 자신에게 묻지 않은 채, 누군가의 기준에 맞춰 열심히 살아갑니다. 하지만 확실한 건, 성장은 결코 '외부의 인정'에서 오지 않는다는 점입니다.

성장은 자신과의 내적인 대화에서 시작됩니다. 내가 지금 힘든 이유가 뭔지, 그게 왜 싫은지, 내가 진짜 원하는 건 무엇인지, 그걸 위해 무엇부터 시작할 건지, 궁극적으로는 어떻게 살아가고 싶은지를 스스로에게 묻고 그 답에 귀 기울이는 것. 그게 바로 내면의 성장, 즉 내 그릇을 키우는 과정입니다.

오늘, 자신과의 대화를 시작해보세요. 낙서처럼 종이에 끄적여도 좋고, 일기를 써도 좋습니다. 독백을 해도 괜찮습니다. 낯설고 어색할지도 모르지만, 일단 해보면 분명히 강하게 느껴지는 무언가가 있을 겁니다. 그 느낌이 무엇인지, 여러분이 직접 느껴보시길 바랍니다.

생각을 멈추는 대신 밖으로 꺼내라

여러분은 평소 한 말들이 모두 '입 밖으로 낸 말'이라고 생각하시나요? 하지만 사실은 그렇지 않습니다. 성대를 울려서 내는 말보다 마음속에서 조용히 반복되는 말들이 훨씬 더 많으니까요. 그런데 수많은 내면의 말들에 대해 우리는 거의 반응하지 않습니다.

"왜 맨날 이렇게 피곤하지?"

"저 사람 나한테 왜 저렇게 말하지?"

"지금 내가 하고 있는 일, 이거 계속하면서 살아도 되나?"

이런 질문들이 머릿속을 맴돌지만 우리는 무심코 무시합니다. 내가 나에게 말을 걸고 있는데, 나 자신은 전혀 반응하지 않는 겁니다. 이때 필요한 것이 바로 '쓰기'입니다. 머릿속 생각을 글로 쓰기 시작하면, 우리는 비로소 자신과의 내적인 대화를 '보이는 형태', 즉 '물리적 실체'로 만들어낼 수 있습니다. 무형의 것을 유형으로 바꾸는 과정인 셈이죠.

막상 써보면 놀라운 깨달음이 찾아옵니다. 생각보다 나 자신에 대해 아는 것이 거의 없다는 것을 알게 되죠. '안다고 착각했던 것들'과 낱낱이 마주하게 되는 겁니다. 학생 시절, 주관식 시험을 봤던 경험을 떠올려보세요. 답이 머릿속에서 맴도는 것 같긴 한데, 끝내 떠오르지 않을 때가 있었죠. "아, 이거 아는 건데!"라며 아쉬워하지만, 실제로는 모르고 있었던 것과 같습니다.

기시미 이치로가《죽을 때까지 나를 다스린다는 것》에서 강조한 것도 바로 이 부분입니다. 글쓰기는 상상의 토대가 되고, 내면 대화의 도구가 됩니다. 머릿속이 막막할 때, 생각을 더 많이 하지 않으면 명료해질 수 없습니다. '생각을 멈추자'라고 해봤자, 이미 마음속은 혼란으로 가득 차 있기 때문입니다.

이럴 때 필요한 건 생각을 끄는 것이 아니라, 생각을 밖으로 꺼내는 것입니다. 그래서 저는 복잡할수록 펜을 듭니다. 지금 내가 바라는 게 뭔지, 왜 이렇게 힘든지, 쓰다 보면 보입니다. 두려움일 수도 있고, 게으름일 수도 있으며, 완벽주의 때문일 수도 있습니다. 이유를 파악하는 것만으로도 이미 엄청난 의미가 있습니다. 기차에 올라탄 것이니까요. 이와 달리, 여전히 집에 머물며 생각만 하는 사람과는 시간이 지나며 비교할 수조차 없는 차이를 만들어낼 겁니다.

이런 의미에서 생각을 글로 써보는 것은 나 자신과의 내면 대화를 '현실의 행동'으로 옮기는 탁월한 방법입니다. 머릿속에 둥둥 떠다니던 말들이 글자가 되고 문장이 되는 순간, 우리는 더 이상 막연한 존재가 아닙니다. 방향성을 가진 인간이 되는 거죠.

인생에 정답은 없지만 나만의 해답은 찾을 수 있다

우리가 자신과 대화를 하는 이유는 정답을 찾기 위해서가 아닙니다. 기시미 이치로는 아우렐리우스가 자기 자신에게 계속 글을 쓴 이유를 이렇게 말합니다.

"죽음뿐 아니라 많은 문제에는 정답이 없기 때문이다."

저는 이 말이 좋았습니다. 정답이 없다는 건, 내가 정답을 만들면 된다는 뜻이니까요. 우리는 살아가면서 늘 미답의 문제를 마주합니다. 어느 길이 맞는지, 어떤 선택이 더 나은지 아무도 알려주지 않습니다. 그렇기에 내 삶의 정답은 그저 내가 만들어가면 됩니다.

행복을 바라지 않는 사람은 없습니다. 모든 사람은 더 풍요로운 삶을 원하고, 더 많은 경험을 원하며, 그것을 위해 더 나은 환경과 조건을 바랍니다. 이 세상에 비참하고 고통스럽게 살고자 태어난 사람은 없습니다. 결국 우리가 내리는 모든 선택은 보다 나은 삶을 바라는 마음에서 비롯됩니다.

그리고 그 모든 시작은, 나 자신과의 대화에서 출발합니다. 그러니 부디, 스스로에게 물으십시오. 그리고 답해보세요. 그 과정이 바로 나를 가장 나답게 살아가게 해주는 길이 될 것입니다.

내가 눈을 뜬 이유는 인간의
일을 하기 위해서다

시간은 만드는 것이다

아우렐리우스는 전쟁터 한복판에서 《명상록》을 썼습니다. 야영 텐트 안, 양초 하나에 의지해 글을 써 내려갔죠. 그는 로마 제국의 황제로서 매일 전투와 정무에 시달렸습니다. 그럼에도 글쓰기를 멈추지 않았습니다.

왜 그랬을까요?

철학자로 살고 싶었기 때문입니다. 하지만 황제로 살면서 동시에 철학자로 산다는 건 어려운 일이었습니다. 그럼에도 포기할 수 없었기에, 텐트 안에서라도 자신의 철학을 붙잡았던 겁니다. 나를 잃지 않기 위해, 나와 대화하기 위해 그는 '시간을 만들어' 글을 썼습니다. 이 장면은 우리에게 묻습니다.

"우리는 정말, 시간이 없을까요?"

우리는 자주 말합니다.

"투자 공부 좀 해야 하는데 시간이 없어요."

"운동하고 싶은데 바빠요."

"요즘 너무 정신이 없어요."

그런데 한번 떠올려보세요. 시험을 앞두고 있거나 중요한 마감이 다가올 때, 우리는 어떻게 했나요? 아무리 피곤해도 밤을 새워 공부했고, 시간이 없어도 일을 끝내기 위해 잠깐의 휴식마저 줄였습니다. 갑자기 건강에 문제가 생기면, 아무리 바빠도 병원에 다녀올 시간을 만들어냈죠.

정말 중요하고 절실한 일 앞에서는 누구나 시간을 '만들 수' 있습니다. 그러니 문제는 시간이 없는 게 아니라, 절실하지 않은 것이죠. 시간이 없어서 못 하는 게 아니라, 그 일에 내 진심이 실리지 않았기 때문입니다.

정말 간절하면 전쟁터 한복판에서도 글을 씁니다. 진심이 있다면, 하루 10분만이라도 내어 나를 위한 문장을 쓰기 시작할 수 있습니다. 아우렐리우스는 명상록을 통해 스스로에게 말했습니다.

"나는 지금 황제이지만, 그보다 먼저 인간이다."

우리도 말해야 합니다.

"나는 지금 바쁘지만, 그보다 먼저 나답게 살고 싶다."

시간을 내는 건 결국 자신의 선택입니다. 오늘, 여러분은 어떤 선택을 하셨나요? 자신답게 살기 위해, 내가 꾸는 꿈을 향해 얼마나 진실하고 절실한 마음으로 움직이고 있으신가요?

시간이 없다는 핑계를 버리고 나 자신과의 약속을 지킨다

지금도 <하와이 대저택> 유튜브 채널에는 매일 아침 6시에 영상이 올라옵니다. 3년간 하루도 빠짐없이, 지금까지 약 1,600편의 영상을 업로드했죠. 사실, 영상을 매일 올린다는 건 생각보다 훨씬 고된 일입니다. 영상을 소위 '펑크' 내지 않기 위해 피가 말랐던 적도 참 많았습니다. 그럼에도 저는 계속했습니다. 왜냐고요?

"나는 내가 한 약속을 지키는 사람이다."

그 말 하나 때문이었습니다. 남들과의 약속이기도 했지만, 가장 본질적인 약속은 나 자신과의 약속이었습니다. 그 약속을 지키는 힘이, 날마다 저를 책상 앞으로 다시 불러냈습니다. 그리고 저는 이제 압니다. 지금 이 자리에 있는 이유는, 내가 나에게 한 말 덕분이라는 것을요.

아우렐리우스는 《명상록》을 오직 자신을 위해 썼습니다. 전쟁터의 텐트 안에서, 양초 하나에 의지해 자신에게 묻고, 스스로 대답했습니다. 우리도 하루 수만 개의 생각을 하며 살아갑니다. 그중 소리로 내는 말보다 속으로 하는 말이 훨씬 많죠. 그리고 놀랍게도, 그 말들의 대부분은 스스로를 깎아내리는 말입니다.

"난 왜 이 모양이지?"

"난 왜 끈기가 없을까?"

"난 왜 저 사람처럼 못 할까?"

여러분이 스스로에게 매일 건네는 말들을 종이에 적어보세요. 아마 깜짝 놀라실 겁니다. 그 말들이 어쩌면, 매일 누군가에게 퍼붓는 폭언과 다르지 않다는 걸 알 테니까요.

하지만 중요한 건 내가 나에게 한 그 말들이, 지금의 나를 만들었다는 사실입니다. 내가 오늘 이 회사에 다니고 있는 것도, 지금 이 삶을 살고 있는 것도, 결국 내가 나에게 했던 말과 결정의 결과입니다. 지금의 삶을 원한 적 없다는 생각이 들 수도 있겠지만, 지금까지의 모든 선택은 내가 나에게 한 말들의 결과물입니다.

내가 나에게 어떤 말을 걸어왔는가, 그리고 앞으로 어떤 말을 걸 것인가. 그 말들을 어떻게 지킬 것인가. 우리가 매일 아침 눈을 뜨는 이유는 무엇일까요? 저는 아우렐리우스의 말에서 그 답을 찾았습니다.

"내가 눈을 뜬 이유는, 인간으로서의 일을 하기 위해서이다."

[나 자신과의 약속이 하와이 대저택 채널로 이어진 과정]

나 자신과의 약속

⇓

꾸준한 실천

하루 6시 영상 업로드

3년간 약 1,600편

⇓

자기 성찰 & 자기 대화

스스로에게 건네는 말 적기

내가 내린 결정의 누적

⇓

결과

현재 삶의 위치 형성

불편의 다리를 건너라

 '인간으로서의 일'이 시작되는 지점은 오늘 내가 한 결심, 내가 한 약속을 지키는 데서 출발합니다. 그런데 여기에는 한 가지 조건이 붙습니다. 안전지대에 머물러서는 결코 이룰 수 없다는 점입니다. 그래서 저는 자주 이렇게 말합니다.

"불편의 다리를 건너야 한다."

그 다리는 편하지 않습니다. 불편하고 불쾌합니다. 그래서 대부분 다리 앞에서 망설입니다. 누군가는 안전지대에만 머물면서 어떤 위험도 감수하지 않은 채 '한 방'을 꿈꾸기도 합니다. 단번에 인생을 바꾸고 싶고, 한 번에 원하는 결과를 얻고 싶어 하죠. 하지만 세상에 공짜는 없습니다. 공짜처럼 보이는 것들에도, 그 전에 쌓여 있는 수고와 불편이 있습니다. 그걸 모르면 사기를 당하거나, 도중에 포기할 수밖에 없습니다. 제 체감상 거의 95퍼센트는 안전지대에 머무는 걸 선택하는 것 같아요. 머무르는 일은 더 익숙하고 덜 불편하니까요. 《명상록》에서 아우렐리우스는 자주 묻습니다.

"너는 정말로 인간의 일을 하려는 생각이 없는가?"

그가 말하는 '인간의 일'은, 자기 삶의 방향을 정하고, 그 방향을 향해 결단하는 것입니다. 그리고 그 결단은 결코 거창할 필요가 없습니다. 안 하던 걸 해보고, 안 가본 길을 한번 가보고, 생각하지 않았던 걸 진지하게 생각해보는 겁니다. 더 중요한 것은, 그 결단을 행동으로 옮기는 것입니다.

결단하고 행동으로 옮기는 것. 즉, 불편의 다리를 건너는 것은 누구든 할 수 있습니다. 더 정확히 표현하자면, 거의 모두가 이미 했습니다. 여러분의 과거를 한번 돌아보세요. 지금의 여러분이 되기까지 과거의 여러분은 반드시 불편의 다리를 건넜을 겁니다. 심지어 여러 번 건넌 적도 있을 거예요. 그래서 제가 "누구든 할 수 있다"라고 말씀드린 겁니다.

그런데 왜 지금은 안전지대에 머무는 쪽을 선택할까요? 그 과정이 쉽지 않다는 걸 너무 잘 알아서입니다. 그러나 인생이 바뀌려면, 그 다리를 '한 번 더' 건너야 합니다. 그리고 한 번 더 건너본 사람은 압니다. 자신이 드디어 인간으로서의 일을 해냈다는 것을요.

그 일이 있어서
오늘의 내가 있다

'현실적'이라는 거짓말

"현실적으로 이만큼만 하자."

여러분에게는 이 말이 어떻게 들리시나요? 한편으론 현명한 충고처럼 들리기도 합니다. 하지만 조금 더 들여다보면, 이 말 속엔 자기 한계를 스스로 그어버리는 습관이 숨어 있습니다. 아우렐리우스도 솔직하게 고백합니다.

"나는 철학자의 삶을 살고 싶었다. 그러나 끝내 그렇게 살기 위해 어떠한 것도 하지 않았다. 현실적인 범위 안에서, 가능한 것만 하며 살아왔다."(33쪽 내용 참조)

그리고 그는 이렇게 결론지었습니다.

"이렇게 된 이유는 내가 나를 사랑하지 않았기 때문이다."(33쪽

내용 참조)

 이 말은 가슴을 세차게 칩니다. 왜냐하면 정말 사랑하는 사람에게는 무엇이든 해주고 싶어지는 것이 인간의 마음이기 때문입니다. 가족이나 아이가 간절히 원하는 것이 있다면, 우리는 어떻게든 해주고 싶어서 방법을 찾고 또 찾습니다. 그런데 정작 자기 자신에게는 "그건 힘들지", "지금은 아니야", "그걸 내가 감당할 수 있을까?"라며 기회를 주지 않죠. 바로 그 태도가 나를 믿지 않는 증거입니다.

안전지대에만 머무르는 건 자신을 사랑하지 않기 때문이다

 영국의 정신분석학자 존 볼비(John Bowlby)가 제창한 애착 이론에 따르면, 아이가 부모와 안정적인 애착을 맺으면 훨씬 더 대담해집니다. 엄마 곁을 벗어나 자유롭게 탐색하고, 새로운 환경에도 도전할 수 있는 힘이 생기죠. 왜냐하면 마음 깊이 알고 있기 때문입니다. 언제든 돌아갔을 때 반겨줄 안전한 존재가 있다는 것을요.

 이건 성인도 마찬가지예요. 자기 자신에 대한 믿음이 없으면 우리는 삶을 탐색하지 않습니다. 그 자리에 그냥 머물 뿐이죠. 도전하지도 않고 확장하지도 않습니다. 그러다 보니 어느 순간부터

"나는 원래 이런 사람이야", "나는 원래 이 정도가 딱 좋아", "그냥 소소하게 만족하며 살고 싶어"라는 말들로 스스로를 제한하기 시작합니다.

이 말들은 얼핏 '소확행'처럼 들리지만, 사실은 자기 의심이 굳어진 신념인 경우가 많습니다. '자기 확신(self-confidence)'과 '자기 의심(self-doubt)'은 서로 반대편에 있는 게 아니라, 내가 어디로 신념의 방향을 두느냐에 따라 갈리는 선택지일 뿐입니다.

왜 많은 사람이 자기 의심을 신념으로 굳히며 살아가는 걸까요? 그 뿌리를 파고 들어가보면 결국 하나의 마음을 만나게 됩니다. '두려움'입니다. 실패할 것 같고, 지금보다 더 힘들어질 것 같고, 무엇보다 내가 그걸 해낼 수 없을 것 같은 두려움이 증폭되면, 우리는 자기 보호를 위해 본능적으로 방어막을 칩니다. 그 방어벽이 바로 '한계'인 것이죠.

자기 확신은 타고나는 것이 아닙니다. 만들어가는 것입니다. 숱한 고민과 질문 끝에, '그래도 해보자'라고 마음먹고 한 발 한 발 내디딘 사람들이 결국 자기 확신을 장착하게 됩니다. 그러니 안전지대에만 머무르지 마세요. 당신이 그곳에 머무는 건 능력이 부족해서가 아니라, 자기 자신을 아직 충분히 사랑하지 않아서입니다.

그 일은 정말 나쁜 일이었을까?

평범한 하루를 깨트리는 불청객처럼, 나쁜 사건이 내 삶에 끼어드는 날이 있습니다. 망치로 머리를 맞듯 커다란 충격을 받죠. 이런 순간을 우리는 '불행'이라 부릅니다. 저도 '불행'이라고 부를 법한 일들을 많이 겪었습니다. 심장이 요동치고, 침이 마르고, 화가 나고, 스스로를 원망하는 감정이 치솟았습니다. 하지만 며칠이 지나고, 몇 달이 지나니 이런 생각이 들었습니다.

"이 일이, 정말 나쁜 일이 맞나?"

우리는 흔히 좋은 일이 생기면 행복하고, 나쁜 일이 생기면 불행하다고 말합니다. 그러나 곰곰이 생각해보면 '좋다' '나쁘다'라는 건 결국 나의 주관적인 가치 판단이 개입한 해석에 불과합니다. 가치 판단을 배제하고 보면 사실 좋은 일, 나쁜 일 자체는 없는 겁니다. 그저 '그 일'을 마주한 것이죠.

원하는 삶을 위해 과정을 통과해 나아갈 때 겪는 모든 일도 마찬가지입니다. 우리가 '몇 년 안에'라는 목표를 세우는 것도, 실제로 그 목표에 도달하기까지 물리적인 시간이 필요하기 때문이죠. 스스로 중간에서 '셀프 퇴장'하지 않는 이상, 결과는 결국 시간이 흐른 뒤에야 드러납니다.

어떤 성과든 그 가치는 몇 년 후, 심지어 몇십 년 후에야 온전히 평가될 수 있어요. 그렇기에 당장 마주한 일에 대해 '좋다, 나쁘다'라고 '지금' 판단해버리면 안 된다는 겁니다. 그저 하나의 '일' 일 뿐입니다. 다만 그 일이 좋다 혹은 좋지 않다고 생각하는 나 자신만 있을 뿐이죠. 목표를 이루는 여정에서 우리는 수없이 많은 '일'들을 맞닥뜨리게 될 텐데, 그때마다 매번 가치 판단을 해버리면 감정이 소모되어 끝까지 갈 에너지가 남지 않을 것입니다.

저는 30대 초반에 토지 분양 사기를 당한 적이 있습니다. 그날의 기억은 아직도 생생합니다. 사기를 당했다는 사실을 알자마자 담당 법무사와 통화했는데, 실제로 손이 덜덜 떨리더군요. 말도 제대로 나오지 않았습니다. 입이 바싹 말라 혀가 돌아가지 않았습니다. '혀가 말린다'라는 말이 비유가 아니라 실제라는 걸 알게 되었어요. 그리고 그때 인생 끝났다고 생각했습니다.

"왜 이런 일이 나에게 벌어진 거지? 내가 뭘 그렇게 잘못했기에 이런 벌을 받아야 하지?"

끝없는 자책과 분노, 수치심이 뒤섞여 저를 휘감았습니다. 하지만 시간이 지나, 지금의 저는 그 일에 대해 이렇게 말할 수 있습니다.

"그 일 덕분에 지금의 내가 있다."

그때의 절망을 통해 저는 생각하는 힘, 해석의 중요성, 가치 판단의 주도권이 누구에게 있는지를 배웠습니다. 아우렐리우스가 "좋은 것이든 나쁜 것이든 그것은 너의 판단에 달려 있다"라고 말한 것을 저의 삶 속에서 격렬하게 배운 셈입니다.

인생의 터널을 만났을 때

운전을 하다 보면 터널을 통과해야 할 때가 있습니다. 왜 터널이 여기 있냐고 원망한들 터널이 사라지는 일은 없죠. 오히려 "지금 이 터널은 내가 반드시 통과해야만 하는 구간이구나"라고 생각하는 게 낫습니다. 안전하게 운전하다 보면 곧 목적지에 도착하니까요.

직접 운전해서 서울에서 부산까지 간다고 가정해봅시다. 경부고속도로를 이용할 경우 약 22개의 터널을 지나야 합니다. KTX를 타면 어떨까요? 약 84개의 터널을 통과해야 합니다. 이때 터널의 길이만 해도 무려 149.8킬로미터에 달합니다. 전체 경로 중 거의 3분의 1이 터널인 것이죠.

삶이라는 여정에도 터널이 존재합니다. 터널은 시야를 가립니다. 빛도 없고, 소리도 둔탁하게 울리며, 방향 감각조차 흐릿하게 만들죠. 하지만 분명한 건, '입구'와 '출구'가 있다는 사실입니다. 터널을 지나가는 건 극복의 문제가 아니라 통과의 문제입니다. '극복'에는 '높은 벽을 넘어야 한다'라는 무거움이 있지만, '통과'에는 '이 길을 지나가기만 하면 된다'라는 확신이 있습니다. 그래서 저는 '극복'보다는 '통과'라는 표현을 더 좋아합니다.

터널 안에서 우리가 해야 할 일은 출구를 향해 그저 나아가는 일입니다. 원치 않은 일이 생기고, 말도 안 되는 상황이 닥치고, "왜 하필 나에게 이런 일이 일어났을까?" 수없이 되묻더라도 결국 시간이 지나면 알게 됩니다. "그때 그 일은, 당시의 나에게 필요했기 때문에 일어난 거였구나"라고 말이죠.

아우렐리우스가 고통과 불확실성의 시대 속에서 "이 일은 나에게 어떤 의미가 있는가? 이 고통은 나를 어떻게 성장시킬 수 있는가?"라고 끊임없이 자문했듯, 우리 또한 힘든 일을 겪을 때 이 말을 떠올리면 좋겠습니다.

나만의 북극성을
향해 가라

하루 1도의 차이가 인생을 바꾼다

하루 10분 영어 공부, 매일 책 5쪽 읽기, 잠들기 전 명상 3분. 이런 건 너무 소소해서 티도 안 나고, 대단하지도 않고, 의미도 없어 보입니다. 하지만 그 작은 차이가 인생의 방향을 바꾸기도 합니다. 인천발 뉴욕행 비행기를 생각해보죠. 조종사가 항로를 고작 1도만 다르게 설정해도 비행기는 뉴욕 JFK 공항이 아닌 뉴저지 인근에 착륙하게 됩니다.

그러니 삶의 항로를 바꾸고 싶다면 오늘 '딱 1도'만 바꾸는 겁니다. 갑자기 혁신적으로 바꾸려고 하지 마세요. 매일 1도쯤만 더 해보고, 더 나은 선택을 하면 그걸로 충분합니다. 물론 매일 열심히 해도 체감은 잘 안 될 겁니다. 땀 흘려 운동한 후 거울 앞의 나 자신도, 메모장 속 숫자도, 계좌 잔액도 계속 비슷해 보일 거예요. 다만 여러분의 종착지는 바뀔 겁니다.

예전, 직장인일 때의 일이 생각납니다. 동료가 "요즘 투자 뭐해?"라고 묻더군요. ETF에 투자하고 있다고 말했더니 동료는 이렇게 말하더군요.

"고작 연 8퍼센트 먹자고 그걸 한다고? 최소한 한 방에 200, 300퍼센트는 나야 투자지!"

어쩌면 동료 말이 맞는지도 모릅니다.

하지만 저는 그 '한 방'을 기다리는 태도 속에 숨어 있는 위험을 보았습니다. 확률적으로 거의 오지 않을 이벤트에 모든 것을 걸면, 나머지 99퍼센트의 시간은 그냥 버리고 가는 것이니까요. 반대로 작은 수익이라도 꾸준히 쌓이면, 어느 순간 눈덩이처럼 불어난 복리의 힘을 경험하게 됩니다. 우리 삶처럼, 투자에서도 중요한 건 '속도'가 아니라 '방향'이었습니다.

내가 백지수표라면 얼마를 써넣을 것인가

영화를 보면 결정적인 순간 부의 상징으로 백지수표가 등장합니다. 그리고 이 백지수표는 '한도 없는 가능성'을 상징하죠. 하지만 사실 백지수표는 그 자체로는 아무 힘이 없습니다. 숫자가 적히기 전까지는 단순한 종이일 뿐입니다. 결국 가치를 결정짓는 건 종이가 아니라, 거기에 내가 어떤 숫자를 적느냐입니다.

초등학생 농구 선수 A는 마이클 조던을 연상케 할 정도로 압도적인 재능을 갖고 있습니다. 또래 중 단연 뛰어나서, 누구나 감탄하며 말하죠.

"저 아이는 진짜 특별하다."

반면, 또 다른 아이 B는 조금 다릅니다. 농구를 꽤 잘하긴 하지만 A처럼 눈에 띄는 천재는 아니에요. 그냥 '운동 좀 하는 아이' 정도입니다. 하지만 두 아이의 말에는 극명한 차이가 있어요. A는 이렇게 말합니다.

"NBA 스타? 그건 아무나 되는 게 아니잖아요. 전 세계 농구 천재들이 다 모이는 곳인데……"

반면, B는 정반대의 태도를 보입니다.

"저보다 잘하는 애들이 수두룩하다는 거 알아요. 미국에도, 유럽에도, 어딜 가도 많겠죠. 그래도 전 언젠가 NBA 스타가 될 거예요. 당연히 그렇게 된다고 믿어요, 전."

아이러니하게도, 심리학자 캐롤 드웩(Carol Dweck), 앤절라 더크워스(Angela Duckworth) 등의 연구 결과는 A보다 B가 NBA 스타가 될 가능성이 훨씬 높다고 말합니다. 이유는 단순합니다. 자신을 어떻게 정의하느냐가 곧 '미래의 설계도면'이 되기 때문입니다.

다. B는 도전을 즐길 겁니다. 실패를 성장의 계기로 삼고요. 반면 A는 몇 번의 실패로 인해 좌절하거나 성장이 정체될 확률이 훨씬 높습니다.

어떤 이는 조던만큼의 재능을 지니고도 스스로를 종잇조각처럼 취급합니다. 반면, 또 어떤 이는 평범한 재능에도 불구하고 자신을 '아직 금액이 적히지 않은 백지수표'라 믿으며 코트를 달려갑니다. 결국 차이를 만드는 건 재능이 아니라, 자기 자신에게 붙이는 가격표인 것이죠.

삶의 항로를 바꾸고 싶다면 원하는 방향으로 가라

"나는 그걸 할 수 있는 사람이 아니야."

누군가는 이 말을 자기 객관화라고 하지만, 제 생각은 다릅니다. 오히려 자신의 가능성을 파묻어버리는 말이죠. 당장 할 수 없다고 치부하면 원하는 삶에서 멀어질 뿐입니다. 갖고 싶은 것은 멀리 두고, 그럭저럭 타협한 것들에 둘러싸이게 됩니다. 현재의 삶이 정말 여러분이 원하던 삶인가요? 지금 사는 삶 외에 다른 것을 원하지 않는다고 자신 있게 말할 수 있나요?

"설령 네가 3천 년, 아니 3만 년을 살면서 얻는다 하더라도 기억하라. 누구도 지금 사는 삶 외에 다른 삶을 살지 않을 것이며,

지금 있는 삶 외에 다른 삶을 사는 것이 아니라는 사실을."

  아우렐리우스는 지금 이외의 삶은 없다고 말합니다. 그러니 과거의 후회에 휘둘리거나 미래의 불안에 시달리지 말고, 지금 이 순간을 힘차게 살아가세요. 그 누구보다도 내가 나 자신을 가장 잘 알아야 하며, 그 누구보다 내가 내 삶을 가장 사랑해야 합니다.

성찰의 대화

독일 함부르크의 유흥가에 위치한 작은 클럽에서 연주하는 한 무명 밴드가 있었습니다. 아침까지 쉬지 않고 6시간 동안 밤샘 연주를 하는 계약 조건이었어요. 아직 자신들이 작곡한 곡은 없었기에 미국의 흑인 음악, 백인 음악을 가리지 않고 다양한 장르의 곡들을 연주했습니다. 6시간이라는 장시간 공연을 위해 곡목은 250곡이 넘었고요. 또 쉬지 않고 연주해야 했기에 멤버 전원이 돌아가며 보컬을 맡았죠. 무엇보다 당시 클럽 사장은 술 마시는 손님들이 더 오래 머무르도록 "다양한 퍼포먼스로 사람들의 시선을 끌어야 한다"라고 요구했습니다.

이에 멤버들은 변기 시트를 머리에 쓰고 영국 신사를 풍자하거나, 속옷만 입고 연주하기도 했습니다. 여러모로 극악의 환경 속에서도 이들은 무려 100일간 연속으로 공연을 하기도 했죠. 그러나 이 클럽에서 무명 밴드에 관심을 가지는 사람은 없었습니다. 이들이 무슨 곡을 연주하든 사람들에겐 그저 술 마시며 듣는 BGM에 불과했으니까요.

이 밴드의 이름은 '비틀스'입니다. 비틀스가 얼마나 큰 영향을 미쳤는지는 굳이 설명하지 않아도 잘 아실 거예요. 그런데 무명 시절의 비틀스에게도 이런 시절이 있었습니다. 만약 당시 비틀스가 독일의 허름

한 클럽에서 연주하는 자신의 처지를 비관했거나, 자신들의 가치를 '유흥가에 있는 작은 클럽에서 연주하는 수준의 밴드'라고 정의했다면, 우리가 아는 비틀스는 없었을지도 모릅니다. 당시 비틀스의 처우나 놓여 있던 환경을 보면 충분히 "음악 그만두자" 혹은 "우린 그냥 전 세계 수만 개의 밴드 중 하나일 뿐이야"라고 생각했을 수 있었습니다.

그런데 비틀스는 이 시기를 '통과'해냈습니다. 훗날 미국에서 세계 최고의 스타가 되었을 때, 이들은 함부르크 시절이 지금의 자신들을 만들었다는 것을 깨달았죠. 당시 미국에서 가장 인기 있는 뮤지션은 엘비스 프레슬리였지만 팬층은 대부분 백인이었습니다. 반면 비틀스는 함부르크 시절, 다양한 장르의 미국 음악을 연주하며, 미국인들이 어떤 곡을 좋아하는지 제대로 알게 되었죠. 그래서 백인과 흑인을 가리지 않고 폭넓은 인기를 얻을 수 있었습니다. 어쩔 수 없이 모두가 노래를 불러야 했기에, 멤버 전원이 보컬을 맡을 수 있는 능력도 장착했고요. 다양한 퍼포먼스를 했던 경험 덕분에 무대 위에서 어떻게 해야 관객들이 열광하는지도 정확히 알았습니다.

철학자가 되고 싶었던 아우렐리우스는 전장에서 도망가지 않고, 현실과 나 자신에 대해 철학적으로 사유했습니다. 어머니의 죽음 앞에서 삶의 허무를 느끼고 공부를 그만두고자 했던 기시미 이치로는 인간의 삶과 죽음에 대해 깊이 파고들었고, 결국 일본 최고의 베스트셀러 작가가 되었습니다.

아우렐리우스도, 기시미 이치로도, 비틀스도 결코 원하지 **않았던 상황**과 마주했지만, 삶을 내던지지 않았습니다. 자신의 북극성을 **향해 묵묵히** 나아갔을 뿐이죠. 여러분은 지금 어디에서 나만의 북극성을 보고 있나요? 그리고 오늘, 나의 한 걸음을 걸어갔나요?

필사 문장

"너 자신이 성취하기 어려운 일이라고 해서 그것이 인간에게 불가능한 일이라고 생각해서는 안 된다. 인간에게 가능하고 걸맞은 일이라면 너도 능히 성취할 수 있다고 생각하라." ―177쪽

실천 질문

"내가 원하지만 어렵다고 생각하는 일은 무엇입니까? 만약 내가 그 일을 이루었다면, 나는 무엇을 했기 때문입니까?"

에필로그

여러분의 다음 책은 여러분의 삶입니다

 한 권의 책을 읽고 나면 내 삶의 어떤 부분을 다시 생각하게 됩니다. 여러분은 이 책의 마지막 책장을 덮고 어떤 생각을 하셨나요? 이 책을 통해 여러분이 얻은 보물은, 책의 저자가 대신 찾아준 만능 정답이 아닐 겁니다. 내 삶을 향해 던지는 날카로운 질문, 자신을 직면시키는 매서운 성찰, 그리고 인생의 방향을 바꾸는 행동, 바로 이것이야말로 진짜 보물이죠.

 책은 보물이 어디에 묻혀 있는지 알려주는 지도와 같습니다. 지도는 실제로 탐험을 떠날 때 의미가 있습니다. 여러분이 읽은 문장들이 아직 머릿속에만 머물러 있다면, 보물은 아직 여러분의 것이 아닙니다. 인생을 바꾸는 건 생각이 아니라 행동이니까요.
 책은 책장 안에 머물기 위해 쓰인 것이 아닙니다. 세심하게 정돈된 서가에 꽂히기 위해, 누군가의 인증샷 속 배경이 되기 위해 존재하는 것도 아닙니다. 책이 우리를 위해 존재한다면, 삶의 언저리에 머물다 문득 고개를 든 가능성을 일으켜 세우기 위해서일 겁니다. 우리 안에 숨어 있는 잠재력, 망설임 속에 서성이는 결단력, 한때는 품었으나 잊힌 꿈, 그 모든 것을 다시 꺼내기 위해서 말이죠.

그렇기에 책이 던지는 질문은 결코 말로 끝나지 않습니다. 책을 덮은 뒤에도 삶은 계속되며, 책이 준 통찰은 삶 속에서 진짜 시험대에 오릅니다. 이때 우리가 해야 할 일은 단 하나입니다. '읽은 문장'을 '사는 문장'으로 바꾸는 일이죠. 책의 문장을 삶의 루틴으로, 태도로, 행동으로 번역하는 일이기도 합니다. 그때 비로소 책은 우리 안에서 다시 쓰이기 시작합니다.

여러분이 이 책에서 단 한 문장이라도 마음에 새겼다면, 이제 해야 할 일은 명확합니다. 실행하는 것이죠. 책이 던진 질문을 이제는 자신의 삶에 던져야 합니다. 그렇기에 진짜 독서는 책이 끝난 후 시작됩니다. 지금부터가 진짜입니다. 질문하세요, 기록하세요, 시도하세요. 여러분의 다음 책은, 바로 여러분의 삶 그 자체입니다.